헬라어적 관점과 역사론적 관점과
관용어적 관점으로 본

하존 요한계시록 4

오흥복 지음

이 책을 선택하신 여러분은 탁월한 선택을 하셨습니다. 왜냐하면,
한국에서 이 세 가지 관점으로 요한계시록을 쓴 책은
저밖에 없기 때문입니다.

헬라어적 관점과
역사론적 관점과
관용어적 관점으로 본

하존 요한 계시록 4

초판1쇄 2020년 3월 30일

지은이 : 오흥복
펴낸이 : 이규종
펴낸곳 : 엘맨
서울시 마포구 토정로222 한국출판콘텐츠센터 422-3
출판등록 제1998-000033호(1985.10.29)
전화 : (02) 323-4060
팩스 : (02) 323-6416
이메일 : elman1985@hanmail.net
www.elman.kr
ISBN 978-89-5515-673-7 03230

이 책에 대한 무단 전재 및 복제를 금합니다.
잘못된 책은 구입하신 서점에서 바꿔드립니다.

값 12,800 원

계시라는 말에는 헬라어 '아포칼륍시스'와 히브리어 '하존'이라는 말이
있는데 '아포칼륍시스'는 자연계시, 일반계시, 특별계시를 모두 포함한
광역적인 계시를 말하고, 하존이란 한 가지 주제에 포커스(초점)을 맞추고
집중 조명하는 계시인데 저는 종말에 포커스를 맞추었기에
하존 요한 계시록이란 책을 쓰게 된 것입니다.

http://cafe.daum.net/dhbsik
(서울 순복음 은총교회 홈페이지)

위 카페에 들어오시면 퍼즐 레마 성경공부와
서울 순복음 은총 교회와 기도응답 전문학교에서 강의한
강의 내용을 동영상으로 보실 수 있습니다.

목차

서문

제 1 강 - 계13장 / 13

제 2 강 - 계14장 / 51

제 3 강 - 계15장 / 97

제 4 강 - 계16장 / 115

제 5 강 - 계17장 / 161

서문

지금으로부터 7년 전, 저자가 27권의 책을 쓰고, 이제 쓸 책은 다 썼다 생각하고 무료하게 시간을 보내고 있던차, 어느 지인 목사님의 "요한 계시록 세미나에 함께 참석해 보시지 않겠느냐"는 제안에 그 목사님과 하루 3시간짜리 세미나에 참석하게 되었습니다. 강의를 들으면서 뭔가 90% 부족하다는 생각을 하며 집에 왔는데 그때부터 저의 머릿속에 요한 계시록을 저렇게 해석하면 되겠느냐는 여운이 사라지지 않고, 기도할 때마다 떠오르곤 했습니다. 그러기를 한달 그때 주님의 음성이 들려왔습니다. "그러면 네가 한번 요한 계시록을 해석해 보면 어떻겠느냐"는 제의였습니다. 그때 저는 주님께 당돌하게 대답했습니다. "알겠습니다. 주님! 제가 해보겠습니다". 그러자 주님께서 "그러면 어떻게 해석해 보려고 하느냐"라고 하셔서 저만의 특징을 살려 "헬라어적 관점과 역사론적 관점으로 한번 해석해 보겠습니다"라고 대답한 후, 3개월 만에 요한 계시록 세미나를 했습니다.

이렇게 요한 계시록 세미나 강의를 7번 하던차, 떠오른 생각은 "요한계시록은 관용어로 기록되었구나"하는 것이었습니다. "그러므로 관용어를 알지 못하면 아무리 헬라어적 관점과 역사론적인 관점으로 본다고 해도 요한계시록을 제대로 해석한다는 것은 불가능하겠구나"하는 생각이 들었습니다. 그래서 창세기부터 요한복음에 이르기까지의 관용어를 다 찾아내서 관용어를 정리해 "관용어로 본 성경"이란 책을 쓰게 되었고, 그때 요한계시록도 관용어로 정리하게 되었습니다. 그래서 본 책의 제목을 '헬라어적 관점과 역사론적 관점과 관용어적 관점으로 본 하준 요한계시록'이라는 제목을 붙이게 된 것입니다.

여기서 헬라어적 관점이란 헬라어 단어를 찾아 그 단어가 어떻게 태동했는지 그 유래를 찾아 정리한 것으로 계시록 7장까지 그 작업을 했습니다. 계7장 이후에는 대부분의 단어가 반복되기에 더 이상 유래를 찾아 정리할 필요가 없었습니다. 또한 개정성경의 요한 계시록 각 장의 구절을 헬라어로 요한계시록 1장부터 22장까지 해석해서 정리했습니다.

그리고 역사론적 관점은 저의 책「다가온 종말론」을 참고해 요한 계시록 중간 중간에 역사적인 이야기를 삽입해 기록했습니다. 여러분들도 역사론적 관점으로 요한계시록을 알고 싶으시면 저의 책「다가온 종말론」을 꼭 읽어보셨으면 합니다. 그런데 여러분들이 요한 계시록을 더 깊이 연구하기 원하시면 이「다가온 종말론」란 저의 책을 반드시 구입해서 읽어보셔야만 합니다. 왜냐하면, 소 계시록인 마태복음 24장과 25장과 다니엘서에 기록된 역사와 주후 70년 예루살렘 멸망시의 사건을 역사론적인 입장에서 아주 잘 정리해 기록해 놓았기 때문입니다.

또한 관용어적 관점으로 기록했는데 관용어란 히브리어로 '마솰'이라 하는데 이 말은 잠언으로 말하는 말인데 그 뜻은 "속담, 격언, 관용어"란 뜻을 가지고 있습니다. 그런데 이 마솰에서 비유라는 사복음서의 파라볼레(관용어)가 유래되었는데 이를 관용어라 합니다. 그런데 놀랍게도 요한 계시록은 제1장부터 22장까지 이 마솰(파라볼레)로 다 연결되어 있습니다. 그러므로 이 관용어를 알지 못하면 관용어라는 비밀코드로 되어 있는 요한 계시록을 아예 해석 할 수 없게 되어있는 것입니다. 그래서 저의 책 「하존 요한계시록」은 특별히 이 관용어를 자세히 다루고 있습니다. 그러므로 여러분들이 이 책을 보시면 관용어라는 비밀 코드로 되어 있는 요한 계시록을 잘 이해하게 될 것입니다.

또한 계시라는 말에는 헬라어 '아포칼륍시스'와 히브리어 '하존'이라는 말이 있는데 '아포칼륍시스'는 자연계시, 일반계시, 특별계시, 기타등등의 계시라 해서 광역적인 계시를 다루는 것을 말하고, 하존이란 한 가지 주제에 포커스(초점)을 맞추고 집중 조명하는 것을 말하는데 저의 책이 하존 요한 계시록입니다. 즉 이는 종말에만 포커스를 맞추고 요한 계시록을 해석했다는 뜻입니다. 이 책을 선택하신 여러분은 탁월한 선택을 하신 것입니다. 왜냐하면, 한국에서 이 세 가지 입장에서 요한계시록이란 책을 쓰신 분도 없고, 이 세 가지 입장에서 세미나를 하시는 분은 한 분도 없기 때문입니다. 특별히 관용어적 관점으로 요한계시록이란 책을 쓰신 사람은 저밖에 없기 때문입니다.

2019년 9월
서울 순복음 은총교회 오흥복 목사 드림

하존 요한계시록 4

제 1 강

계시록 13 장

| 계 13 장

계시록13장은 예수님을 이미테이션한 장임

계시록 13장 1절을 보면 "내가 보니 바다에서 한 짐승이 나오는데 뿔이 열이요 머리가 일곱이라 그 뿔에는 열 왕관이 있고 그 머리들에는 신성 모독 하는 이름들이 있더라"하고 있는데 먼저 계13장을 서두로 요약하고 본장을 진행 하도록 하겠다. 계시록11장이 예수님을 미메테스(작은 예수)한 두증인의 이야기라면 계시록13장은 예수님의 짝퉁인(이미테이션,모방,흉내) 두 짐승에 대한 이야기이다. 그렇다면 계13장에 등장하는 두 짐승(적그리스도와 거짓 선지자)이 어떻게 모방(짝퉁)했는지 살펴보도록 하겠다.

첫째로 계시록 13장 1절을 보면 짐승이 10면류관(왕관)을 썼다고 했는데 이는 예수님이 만왕의 왕으로 면류관을 쓰자 자신도 예수님처럼 면류관을 쓰고 왕의 행사를 하는 것으로 이미테이션 하였고(계 14:14, 계 19:12), 둘째로 계시록13장 1절을 보면 예수님이 일곱뿔을 가지시자(계 5:6) 마귀는 10뿔을 가진 것으로 이미테이션을 하였고, 셋째로 계시록 13장 2절을 보면 예수님이 전능한 능력을 가지자 마귀도 바벨론,

페르시아, 헬라의 힘을 합쳐놓은 것 같은 능력을 이미테이션 하였고, 넷째로 계시록 13장 2절을 보면 용이 짐승에게 권세를 주었다고 했는데 이는 예수님에게 하나님의 피가 흐르는 것 같이 짐승에게 자신(용)의 피가 흐르게 하는 것을 이미테이션 하였고, 다섯째로 계시록 13장 3절을 보면 예수님이 죽었다 살아 난 것 같이 짐승도 죽었다가 살아나는 부활을 이미테이션 하였고, 여섯째로 계시록 9장 8절을 보면 적그리스도가 황충이라는 탈을 쓰고 나타나 평화의 왕처럼 행동 했는데 이는 예수님이 평화의 왕인 것을 이미테이션 한 것이고, 일곱째로 계시록 13장 5절을 보면 예수님이 3년6개월 사역한 것 같이 적그리스도도 마흔두달인 3년 6개월을 사역함으로 사역을 이미테이션 하였고, 여덟째로 계시록 13장 11절을 보면 예수님이 어린양인 것 같이 짐승도 양의 탈을 쓰고 나오며 양을 이미테이션 하였고, 아홉번째로 계13장 13절을 보면 두 번째 짐승이 하늘에서 불을 내려, 두 증인을 모방했는데(계11:5) 이는 예수님이 행한 기적을 이미테이션 한 것이고, 열 번째로 계시록 13장 14절을 보면 두 번째 짐승이 큰 이적을 행했는데 이는 예수님이 행한 이적과 두증인이 행한 이적을 이미테이션 한 것이고, 열한번째로 계13장 15절을 보면 하나님이 창세기 2장 7절 사람을 창조한 것 같이 두 번째 짐승이 우상에게 생기를 넣어 우상을 살림으로 이는 창조를 이미테이션 한 것이고, 열두번째로 계13:16절을 보면 두 번째 짐승이 666 표로 인 쳤는데 이는 계7장에서 하나님이 144.000명을 인친 것을 마귀가 이미테이션 한 것이다.

    이렇게 계시록 13장에서 용은 예수님을 패러디(우스꽝 스러운 풍

자)하고 있는 것이다. 그래서 계시록 13장은 이미테이션 장이라 하는 것이다.

관용어적으로 계시록 13장은 용이 예수님을 이미테이션한 장이다.

바다에서 올라온 짐승과 일곱 머리 열 뿔과 신성모독

계시록 13장 1절을 보면 "내가 보니 바다에서 한 짐승이 나오는데 뿔이 열이요 머리가 일곱이라 그 뿔에는 열 왕관이 있고 그 머리들에는 신성 모독 하는 이름들이 있더라"하고 있는데 계시록은 오버랩 기법으로 기록 되었기에 각장 또는 단원의 1~2절에 그 장과 단원에 대한 모든 답이 다 들어있다. 그러므로 각장의 1~2절과 단원의 첫 번째 절을 놓치면 그 장과 전체 문맥과 각 단원을 잘못 해석하게 되어 있다. 또한 계시록에서 나오는 용어는 지금 우리가 사용하는 용어와 그 뜻이 동일하다. 왜냐하면 그때도 중요하게 표현했던 단어들을 지금 우리도 똑 같이 그 용어의 뜻으로 사용하고 있기 때문이다. 그러므로 계시록에 용어에 대해 두려움을 느낄 필요가 없는 것이다.

계시록 13장을 정리하면 계시록 13장은 10뿔 7머리가진 짐승이 세상으로 나왔는데 그는 겉 모습은 평화의 왕인데(짝퉁.이미테이션) 속은 독을 품고 있고, 신성을 모독하는 적그리스도와 거짓 선지자라는 뜻이다. 그러므로 계시록 13장은 계시록 9:10절의 황충이 예루살렘을 정복하고, 계시록 13장 7절 황충이 정체를 드러낸 적그리스도와 거짓 선지자에 대한 이야기이다. 디테일하게(구체적) 말하면 계시록 13:1~6절은 전삼년반으로 적그리스도가 성도를 죽이지 않고 비방만 하고 있음으로 계시록 9장 10절 이전의 상황이고, 계시록 13:7절은 계시록 9:10절 이후의 사건으로 사람을 죽이기 시작함으로 후 삼년반의 이야기이다.

"내가 보니"하고 있는데 이 말이 나오면 계시록에서는 환상이 전환되거나 내용이나 사건이 전환된다. 그래서 이를 환상 전환 관용구라 한다.

"바다에서(달랏사)"하며 본 절에서는 바다에서 한 짐승이 나오고 있다고 하고 있는데, 계시록 11장 7절에서는 무저갱에서 짐승이 올라왔다고 하고 있다. 그래서 혹자는 둘이 다른 짐승으로 생각하는데 그러나 바다는 세상을 말하는 관용어이기에 세상을 말하고, 무저갱도 세상 안에 있기에 결국 본 절과 계시록 11장 7절의 바다와 무저갱은 다 같은 세상을 말한다. 그러므로 본 절의 바다에서 올라온 짐승과 계시록 11:7절의 무저갱에서 올라온 짐승은 동일한 짐승인 적그리스도를 말하는 것이다.

"한 짐승이"하고 있는데 이 말의 헬라어는 '데리온(독이 있는 사나운 짐승)'으로 사나운 독을 품은 짐승을 말한다. 그렇다면 여기서 짐승이란 무슨 뜻일까? 우리가 짐승의 탈을 쓴 사람을 말할 때 인면수심이라 하는 것 같이 본 절의 짐승도 처음 보기에는 평화를 외치며 평화의 왕으로 등장하기에 평화의 왕처럼 보였지만 그 속에는 사자의 이빨을 숨기고 있었다. 즉 짐승의 본능인 독을 품고 있었다는 말이다. 그래서 이 짐승을 헬라어 원어에서는 인면수심한 독을 품은 사나운 짐승이라 하고 있다. 이 부분은 저의 책 계시록 9장 8절을 참고하기 바란다.

"나오는데"하고 있는데 성경에서 승천인 휴거를 말하는 단어는 '파랄람바노.할파조.아나바이노.에파이어'가 있는데 본 절에 나오는 '나오는데'라는 말의 헬라어는 '아나바이노'로 바로 승천을 말하는 단어이다. 그런데 이렇게 승천을 말하는 아나바이노가 등장한다는 것은 이 짐승이 마치 승천하듯이 어느날 갑자기 황충(적그리스도)으로 위장해서 평화의 왕으로 해성처럼 부상했다는 뜻이다. 또한 '나온다'는 말은 예수님처럼 성육신 했다는 말이 아니라 세상에 있다가 세상으로 나왔다는 말로 이는 사람임을 말하는 말이다.

"한 짐승이 나오는데 뿔이 열이요 머리가 일곱이라 그 뿔에는 열 왕관이 있고"하고 있는데 이 7머리 10뿔은 저의 책 계17장에서 자세히 설명하도록 하겠다. 계시록에서 일반적으로 7머리 10뿔(계 12:3)로 말을 하면 이는 10뿔보다 7머리를 강조하는 것이고, 본 절과 같이 10뿔 7머리 하면 이는 7머리보다 10뿔을 더 강조하는 것이다. 그러므로 7머리 10뿔이라 하든 10뿔 7머리라 하든 사실은 똑 같은 말인 것이다. '뿔이 열이요' 하고 있는데 뿔은 힘겨루기를 하는 것으로 "능력, 힘, 왕"을 상징하는 것으로 예수님이 가지면 "전능한 능력"이 되고 마귀가 가지면 전능한 능력을 모방한 능력을 말하는 것이다. 또한 '열 뿔'하고 있는데 열은 완전수가 아닌 충만수를 말하고, '왕관을 썼다'는 것은 각 나라의 지도자 또는 왕임을 말하는 말이다. 그러므로 10뿔이란 10동맹국을 말하는 것이 아니라 동맹국이 많다는 것을 뜻하는 말이다. "일곱 머리가" 하고 있는데 여기서 '일곱'은 완전수이기에 더 이상 정복할 땅이 없을 정도로 완전히 정복했다는 말이고, 머리는 지혜를 말하기에 지혜로 정복했다는 말임으로 결국 제국을 말하는 말이다.

"머리들에는 신성 모독 하는 이름들이 있더라"하고 있는데 이 말의 헬라어는 '에피(위에) 타스 켑할라스(머리) 아우투(대명사) 오누마(이름) 블라습헤이아스(블라습헤미아=악담,조롱,참람)'로 '이는 머리들 위해 조롱하는 이름들이 있더라'라는 뜻인데 여기서 머리들 하며 복수인 '켑할라스'가 쓰였다. 이렇게 7머리들 하며 복수로 말한 것은 7머리가 다 신성모독 했지만 특별히 7머리 중 마지막 일곱 번째 머리인 제국의 황제가 더 사나운 독을 품고 더 신성을 모독할 것이라는 뜻이다. 이렇게 하나님의 신성을 모독함으로 그가 속한 나라는 기독교 국가가 아니고 기독교인 아님을 알 수 있는 것이다. 이는 이 짐승이 공식석장에서 공공연하게 평화를 외치면서도 하나님을 모독한다는 뜻이다.

관용어적으로 바다에서 올라온 짐승은 적그리스도를 말한다.

참람죄, 신성모독

계시록 13장 1절을 보면 "내가 보니 바다에서 한 짐승이 나오는데 뿔이 열이요 머리가 일곱이라 그 뿔에는 열 왕관이 있고 그 머리들에는 신성 모독 하는 이름들이 있더라"하고 있고, 사도행전 6장 11절을 보면 "사람들을 매수하여 말하게 하되 이 사람이 모세와 하나님을 모독하는 말을 하는 것을 우리가 들었노라 하게 하고"하며 스데반이 하나님을 모독 하는 말을 했다고 하고 있고, 마가복음 2장 7절을 보면 "이 사람이 어찌 이렇게 말하는가 신성 모독이로다 오직 하나님 한 분 외에는 누가 능히 죄를 사하겠느냐"하며 예수님이 중풍병자에게 "네 죄 사함을 받았느니라"하자 군중들이 말하길 이 사람이 참람(신성 모독) 하도다 말했다. 그런데 여기서 모독이라는 말과 참람이라는 말과 신성모독이라는 말이 헬라어로 '블라습헤미아'라는 말로 되어있다. 결국 단어만 다를 뿐 그 뜻은 동일하다는 말이다. 율법(레 24:16)에서는 참람죄를 범한 사람은 예외 없이 돌로 쳐 죽이도록 되어있다. 그래서 스데반은 이러한 서기관과 바리새인들에 의해 돌에 맞아 죽게 되었다(행 7:54~60).

여기서 참람하다는 '블라습헤미아'라는 말은 본래 인간관계에 있어서는 남을 욕하고, 부당하게 비난하고, 주제넘고 건방지며, 분수에 맞지 않고 지나치고, 괴롭고 슬프며 근심이 가득하고, 사악하게 타인을 비방, 중상한다는 뜻으로 쓰이다가, 종교적인 의미로 발달해 '하나님이 하지 않은 것을 하나님의 뜻으로 돌리다, 하나님에 대해 불경스럽게 말하다'로 쓰였다. 그 후 이 말은 그 개념이 확대되어 '신성모독'의 뜻을 가져 하나님께 대한 직접적인 모독과(계 13:6), 그의 이름, 그의 말씀(딛 2:5)을 모독하는 것으로 쓰였다. 그래서 예수께서 죄를 사하실 때(막 2:7), 메시야이심을 주장하실 때(막 14:64), 또는 하나님과 동등하시다고 주장하실 때(요 10:30) 그들은 하나님의 신성을 모독하는 것으로 여겼던 것이다. 예수님 당시 유대법에서는 이렇게 공공연(공개적)하고 명백하게 예수님처럼 신의 이름을 더럽히고 신을 모독하는 자를 정죄하여 돌로 쳐 죽이는 벌을 내렸다.

참람죄를 예수님 당시에는 "본토 소생이든지 타국인이든지 무릇 짐짓 무엇을 행하면 여호와를 훼방하는 자니 그 백성 중에서 끊쳐질 것이라"는 민수기 15장 30의 말씀에 따라 광범위 하게 적용하였으나, 후기의 랍비 율법에서는 하나님의 이름을 공적(공개적)으로 거론하지 않는 한 신성 모독의 죄를 적용하지 않고 관대했다. 또한 당시 신성모독을 범하는 죄를 범했다면 그에 대한 증인이 있어야 했는데 그때 증인들은 피고가 한 말을 그대로 반복하여 증거 하였는데 이는 신성 모독죄를 심문할 때 일반적으로 행해진 순서였다. 다시 말해 이 사람이 "네 죄 사함을 받았느니라"라고 말하는 것을 들었습니다라고 하며 피고의 말을 그대로 반복해 증언했다고 한다.

관용어적으로 참람하다는 말은 하나님을 모독하고, 하나님의 성호를 더럽히고, 하나님의 거룩하신 이름을 더럽히고, 하나님의 영광을 가리고, 하나님을 욕되게 하는 것을 말한다.

용이 짐승에게 권세와 능력을 위임함

계시록 13장 2절을 보면 "내가 본 짐승은 표범과 비슷하고 그 발은 곰의 발 같고 그 입은 사자의 입 같은데 용이 자기의 능력과 보좌와 큰 권세를 그에게 주었더라"하며 요한이 본 짐승을 표범(바벨론), 곰(페르시아), 사자(헬라) 같다고 하고 있는데 이 말은 다니엘서 7장 3~8절을 강력함을 의미하는 관용어로 반영한 것으로 본 절의 짐승(적그리스도)의 권력이 바벨론, 페르시아, 헬라의 모든 권력을 합쳐놓은 것보다 더 강력한 정치력, 군사력, 경제력을 가졌다는 것을 뜻하는 말이다. 그러므로 마지막때에 나타날 적그리스도 얼마나 무시무시한 존재인지를 짐작할 수 있다. 왜냐하면 바벨론 한나라 만해도 무소불위(못할 것 없음)한 권력을 가졌는데 이 세 나라를 합쳐 놓은 것 같은 권한을 적그리스도가 가졌다고 하니 말이다.

'용이 자기의 능력과 보좌와 큰 권세를 그에게 주었더라'라는 말의 헬라어는'카이 에도켄(디도미=주다) 아우토(3인칭 대명사) 호 드라콘(용) 텐 뒤나민(능력) 아우투(3인칭 대명사), 카이 톤 드로논(보좌) 아우투, 카이 엑수시안(권세) 메갈렌(큰)'로 이는 '용이 그 자신의 능력을 그에게 주었다. 그리고 그의 보좌를 그리고 큰 권세를'이라는 뜻으로 용이 자신의 능력(힘)과 보좌(왕의 자리)와 권세(왕권)을 짐승(적그리스도)에게 주었다는 말이다. 다시 말해 적그리스도가 무소불위한 권력을 행사해 표범과 곰과 사자의 힘을 합친 권력을 가질수 있었던 것은 용이 자신이 가지고 있던 것을 짐승에게 위임했기 때문이라는 것이다. 그런데 본 절을 보면 용,마귀.사탄.귀신은 같은 존재인데 용이라고만 표현한 것은 용이라는 말이 하나님을 대적 했을 때 표현하는 말이기에 이 짐승이 용의 힘을 위임 받았다는 뜻은 이 짐승이 하나님을 대적할 것이라는 것을 암시하는 말이다.

관용어적으로 용이 짐승에게 표범(바벨론), 곰(페르시아), 사자(헬라)의 권세와 능력을 합친 것 보다 더 큰 권세와 능력을 주었다는 것은 적그리스도가 무소불위의 능력을 행사할 것을 말하는 말이다.

짐승이 죽었다가 살아난 이유

계시록 13장 3절을 보면 '그의 머리 하나가 상하여 죽게 된 것 같더니 그 죽게 되었던 상처가 나으매 온 땅이 놀랍게 여겨 짐승을 따르고' 하고 있는데 어거스틴은 사단은 창조자가 아니라 모방하는자라 했는데 본 절을 보면 짐승이 죽었다가 살아났다고 하는데 이는 예수님의 부활을 이미테이션(모방) 한 것이다.

'상하여 죽게 된 것 같더니'라는 말의 헬라어는 '호스(~~와 같은) 에습하그메센(습하조=살해하다,상처를 입다) 에이스(된 것, 향하여) 다나톤(죽음)'라는 말로 '죽음을 향할 정도로 살해를 당했던것 같은'이란 말로 이 말은 아주 치명상중 치명상을 입은 것을 말한다. 그런데 여기서 '에습하그메센'은 '습하조'의 과거 완료 수동태 분사인데 이 분사가 '호스(~~와 같은)'와 같이 쓰이면 "~~한 자"의 뜻을 가진다. 그러므로 본문 '호스 에습하그메센'은 '죽은것 같이'가 아니라 "죽임을 당했던"으로 번역해야 올바른 번역이 된다. 그러므로 본 절에서 "상하여 죽게된 것 같이" 보이는 것이 아니라 이 말은 예수님처럼 죽었다 살아났다는 말이 되는 것이다.

"온 땅이 놀랍게 여겨 짐승을 따르고"하고 있는데 예수님 당시 예루살렘 인구가 5만에서 10만명 정도가 되었는데 예수님이 부활한 후 예루살렘 인구의 절반이 순식간에 예수님을 주님으로 영접했던 같이 본 절의 짐승도 이렇게 예수님처럼 죽었다가 살아나는 부활의 기적을 행하자 전 세계 사람들이 순식간에 짐승을 메시야로 여겨 적그리스도를 따르게 된다는 말이다. 이렇게 적그리스도인 짐승은 예수님을 이미테이션 했던 것이다.

관용어적으로 짐승이 죽었다가 살아난 이유는 예수님의 부활을 이미테이션해서 사람들을 현혹하기 위해서 였다.

누가 싸우랴

계시록 13장 4절을 보면 "용이 짐승에게 권세를 주므로 용에게 경배하며 짐승에게 경배하여 이르되 누가 이 짐승과 같으냐 누가 능히 이와 더불어 싸우리요 하더라"하며 "누가 이 짐승과 같으냐 누가 능히 이와 더불어 싸우리요 하더라"하고 있는데 이 말의 헬라어는 "티스(의문 대명사=누구) 호모이오스(같은) 토 데리오(짐승), 티스(의문대명사) 뒤나타이(뒤나마이=할 수 있다) 폴레메사이(플레메오=싸움하다) 메투(메타=함께.더불어) 아우투(3인칭 대명사=그)"라는 말로 이는 '누가 짐승과 같으냐 ? 누가 그와 더불어 싸울수 있느냐?'라는 말로 의문 대명사 '티스'가 두 번 나오는데 이는 적그리스도를 대적할 사람이 없다는 것을 강조하는 것이다.

관용어적으로 의문 대명사를 씀으로 어느 누구도 당할자가 없다는 뜻이다.

적그리스도 나타남과 활동기간

계시록 13장 5절을 보면 "또 짐승이 과장되고 신성 모독을 말하는 입을 받고 또 마흔두 달 동안 일할 권세를 받으니라"하며 '짐승이 과장되고'하는데 여기서 '과장된 말'이란 사람을 미혹하는 호언 장담과 속이는 거짓말을 뜻한다. 즉 사기꾼의 특징 중 하나가 말을 과장(거짓)되게 해서 사기치는 것 같이 짐승이 바로 말을 과장(거짓말)되게 해서 사람들을 미혹한다는 것이다. 또한 "신성모독을 말하는 입을 받고"하고 있는데 이는 하나님을 모독하고 자신을 하나님의 위치로 격상시키는 것을 말한다.

"짐승이 과장되고 신성 모독을 말하는"하고 있는데 이렇게 짐승이 과장된 말을 하고 신성모독 하는 사건을 통해 적그리스도와 공중 재림의 시기를 예측할 수 있는데 그것은 첫째로 전삼년 반에 짐승(이슬람)이 이스라엘과 평화조약을 맺게 될 것이다. 이는 주전 170년 시리아의 8대왕 안티오쿠스 4세가 이스라엘과 거짓 평화조약을 맺은 것 같이 짐승도 이스라엘과 평화조약을 맺게 될 것이다. 둘째로 짐승(이슬람)이 예루살렘을 포위할 것이다. 주후 68년에 로마 장군 디도가 예루살렘을 포위한 것 같이 말이다(마 24:15 ; 눅 21:20). 셋째로 짐승이 저격을 당해 머리에 치명적인 상처를 입어 죽었다가 살아나게 될 것이다. 넷째로 짐승이 과장되고 신성 모독하는 말을 노골적으로 공식 석상에서 하게 될 것이다. 다섯째로 예루살렘의 동문이 닫혀 있는데 그 문이 열릴 것이다(겔44:1~3). 그런데 이런 징조는 주님이 공중 재림 하시기전인 전삼년반에 있을 것인데 이런 일들이 일어나면 곧 주님이 공중 재림 하실 것이다. 공중재림의 시기는 저의 책 계시록 11장 12절을 반드시 참고하라

'마흔두 달 동안 일할 권세를 받으니라' 하고 있는데 마흔두달은 적그리스도의 사역기간으로 삼년반에 해당하는데 이는 예수님의 공생애를 이미테이션한 것이다. 적그리스도는 전삼년반이 시작될 때 나타나서 후 삼년반 초반까지 활동할 것이다.

관용어적으로 적그리스도는 전삼년반부터 마흔두달을 활동할 것이다.

공중 재림이 임했기에 비방만 한다.

계시록 13장 6절을 보면 "짐승이 입을 벌려 하나님을 향하여 비방하되 그의 이름과 그의 장막 곧 하늘에 사는 자들을 비방하더라" 하고 있는데 여기서 '비방하되'의 헬라어 '에이스(~위하여) 블라스페미아스(악담)'는 '신성을 모독하기 위하여'라는 말로 짐승이 하나님을 대적하며 자신을 하나님이라 주장하여 하나님을 모독하는 것을 시사한다(살후 2:4). 그런데 이렇게 하나님을 모독하는 이러한 행위는 주전 170년전 시리아의 안티오쿠스 4세를 통해 잘 나타나고 있다.

여기서 '곧(카이)'은 오버랩 기법을 말하는 것으로 앞의 것을 다시 디테일(구체적)하게 설명해 주는 것으로 본 절에서는 장막을 다시 설명하는 것이다. 그런데 그 장막(스케넨=천막)은 곧 하늘 장막에 사는 자들을 말한다고 한다.

"하늘에 사는 자들을"하고 있는데 이에 해당하는 헬라어는 '투스(자들) 엔(안에.에) 토 우라노(하늘) 스케눈타스(스케노오=천막)'로 '하늘 천막안에 사는 자들'이란 뜻인데 한편 이 '하늘에 거하는 자들'은 하나님의 백성, 즉 교회와 성도들을 가리키는 말로 이는 곧 공중 혼인잔치를 말하는 말이다. 다시 말해 본 절에서 공중 재림이 임했다는 뜻이다. 왜냐하면 계15:8절을 보면 '일곱 천사의 일곱 재앙이 마치기까지는 성전에 능히 들어갈 자가 없더라' 하며 7대접 재앙이 끝나야 새 하늘과 새 땅에 들어간다고 했기에 아직까지 새 하늘가 새 땅에 들어간 자가 없기에 이곳 장막은 새 하늘과 새 땅이 아닌 공중혼인 잔치 자리에 참석한 성도들을 말하는 것이다.

계시록에서 장막하면 성도들이 거할 집인 새 하늘과 새 땅을 의미하는 말인데(계 7:15 ; 계 21:3) 앞에서 말씀 드렸듯이 계시록 15장 8절을 보면 아직까지 한 사람도 새 하늘과 새 땅에 들어간 자가 없다는 것이다. 그러므로 그곳에 들어간 자들이 있다는 것은 곧 공중혼인 잔치 자리에 참여한 자들을 말하는 것이다. 또한 이 장막안에 거하는 자들할 때 '자들'이 천사를 말하는 말이 아니라 사람을 의미하는 말이다. 또한 천사를 향해 계시록에서는 장막이라는 말을 쓰지 않는다. 그러므로 이에 해당하는 자들은 성도들인데 성도들이 현재 장막에 거하는 곳은 공중혼인 잔치 자리밖에 없는 것이다. 그러므로 6절에서 공중 재림이 임한 것이다. 공중혼인 잔치 자리도 장막인 것이다.

"비방하더라"하며 하늘의 장막에 참여한 성도들을 비방한다고 했는데 짐승이 이렇게 비방한 이유는 성도들을 죽이려고 예루살렘을 정복했는데(오전9시에 해당=계11:12절 참고) 공중 재림이 조금 전(오전6시)에 이루어지고 두증인만 남아 있기에 닭 쫓던 개가 지붕 위에 있는 닭을 보고 짖는 것 같이 지금 그렇게 짖고(비방) 있는 것이다.

관용어적으로 장막에 거한다는 말은 집을 짓고 거한다는 말로 전쟁이 없는 편안함을 말하는 관용어이고, 하늘에 사는 자들을 비방하더라는 말은 공중 재림에 참석한 자들을 비방한다는 말로 본 절에서 공중 재림이 임했다는 뜻이다.

성도들과 싸워 이기게 되고

계시록 13장 7절을 보면 "또 권세를 받아 성도들과 싸워 이기게 되고 각 족속과 백성과 방언과 나라를 다스리는 권세를 받으니"하며 성도들과 싸워 이기게 되었다고 하고 있는데 이는 예루살렘 함락을 의미하는 말이며(목요일 오전 9시=저의 책 계 11:12절 참고) 또한 두증인의 죽음을 말하는 말이다(계 11:7). 이후 짐승은 바벨론을 정복하고 3차 세계대전을 일으키고 승리한후 666표를 강요하게 된다.

'각 족속과 백성과 방언과 나라'를 하고 있는데 이 말이 나오면 앞에서 말했던 것 같이 온 세상 사람을 말하는 관용어이다.

"다스리는 권세를 받으니" 하고 있는데 이는 적그리스도가 두증인을 살해 한 후 온 세계의 지도자로 부상했다는 말이다.

관용어적으로 성도들과 싸워 이기에 되고 하는 말은 예루살렘 함락을 말하는 동시에 두증인의 죽음을 의미 하는 말이다.

생명책에 창세 이후로 기록되었다는 말은

계13:8절을 보면 "죽임을 당한 어린 양의 생명책에 창세 이후로 이름이 기록되지 못하고 이 땅에 사는 자들은 다 그 짐승에게 경배하리라" 하고 있는데 이 말을 공동번역으로 보면 '그러므로 땅 위에 살고 있는 사람들 중에 죽임을 당한 어린 양의 생명책에 천지창조 때부터 이름이 올라 있지 않은 자들은 모두 그에게 절을 할 것입니다' 하고 있다. 여기서 생명책은 '테 비블로(책) 테스 조에스(영생)'라는 말로 '그 영생들 그 책'이라는 뜻으로 곧 "영생의 책"을 말한다. 생명책에 대한 부분은 저의 책 계시록 3장 5절과 계시록 20장 12절을 반드시 참고하라

'죽임을 당한 어린 양의 생명책에 창세 이후로 이름이 기록되지 못하고' 하며 창세 이후에 생명책에 이름이 기록되었다고 나오기에 예정론 자들은 이는 창세전에 예정된 자만 생명책에 이름이 기록되었다고

생각하는데 그렇다고 이 말이 예정론을 말하는 것은 아니다. 왜냐하면 헬라어 문법상 '창세 이후로'가 '죽임을 당한'을 수식하기에 이 말은 곧 예수가 죽은 후 믿는 자들의 이름이 생명책에 기록되기 시작했다고 되어 있기 때문이다. 이 말의 헬라어는 '투 알니우(어린양) 습하그메누(죽음) 아포(이 후) 카타볼레스(설립) 코스무(우주)'로 그 뜻은 '우주를 설립한 이후 죽임을 당한 그 어린양'이라 되어 있음으로 창세 이후로가 죽임 당한을 수식하고 있다.

그러면 천지 창조 후부터 구약까지의 성도들은 어떻게 생명책에 기록되었을까? 이에 대한 답은 벧전3:19~20절에서 찾아 볼 수 있다. 벧전3:19~20절을 보면 "그가 또한 영으로 가서 옥에 있는 영들에게 선포하시니라, 그들은 전에 노아의 날 방주를 준비할 동안 하나님이 오래 참고 기다리실 때에 복종하지 아니하던 자들이라"하며 예수님이 죽은 후 3일 동안 무덤 속에 계실 때 예수님의 영은 옥에 있는 구약의 영혼들에게 복음을 전했다고 나온다. 다시 말해 구약 백성들도 예수를 믿지 않으면 지옥에 가는 것이다. 왜냐하면 그들은 오시리라 한 메시야만 믿었지 예수를 믿지 않았기 때문이다. 그래서 주님은 그들에게도 당신을 믿을 수 있는 기회를 주기 위해 그들에게 가셔서 당신을 믿을 것을 전도하고 오셨다는 것이다. 그래서 옥에 있는 구약의 영혼들도 그때 예수님을 영접하고 믿었던 것이다. 비록 그들이 아주 먼 옛날에 죽었지만 예수님이 죽은 후, 어린양의 생명책에 기록되기 시작했던 것이다. 그러므로 본 절의 창세 이후로 기록된 자들이란 구약 성도들과(벧전 3:19~20) 신약 성도들을 모두 포함해서 예수님이 죽으신 후 생명책에 기록된 자들을 말하는 말이다.

그런데 생명책에 기록된 자들은 물(예수 믿는 것)과 성령으로 거듭난 자들만 기록된 것이 아니라 성령으로 거듭나지는 못했지만 물인 예수를 믿은 사람들도 기록되었다. 왜냐하면 구약의 영들에게(벧전 3:19~20) 예수님이 복음을 전하러 갔을 때 그들은 예수님만 영접했지 성령은 받지 못했기 때문이다. 그러므로 생명책에는 이렇게 두 종류의 성도들이 기록되었던 것이다. 그런데 이렇게 생명책에 기록되되 예수만 믿어서 기록된 자들은 새 하늘과 새 땅에는 들어가지 못하고 천국에만 가고, 새 하늘과 새 땅은 물과 성령으로 거듭난 자들만 가는 곳이다. 또한 이렇게 물인 예수만 믿어 생명책에 기록된 자들은 예수께서 공중 재림하실 때 공중 재림에 참여하지 못하고, 이 땅에 남아 후 삼년반을 통과하게 되어있다. 그러므로 공중 재림에 참여하려면 반드시 물과 성령으로 거듭나야 하는 것이다. 이렇게 물과 성령으로 거듭나는 것을 계시록에서는 인침이라 한다(계 17:8 ; 계 20:12.15 ; 계 21:27).

"이 땅에 사는 자들은 다 그 짐승에게 경배하리라"하고 있는데 이는 비록 예수를 믿어 생명책에는 기록 되었지만 성령을 받지 못해(인침) 이 땅에 남아 있는 성도들 외에 후 삼년반에 남아 있는 모든 불신자들은 짐승을 경배하게 된다는 말이다. 그런데 여기서 '다'라는 말이 헬라어 '판테스(파스=온.전체)'로 되어 있기에 결국 이 말은 예수를 주님으로 섬기는 자들(생명책에 기록된 자들) 외에는 세상 모든 사람들은 다 짐승을 섬긴다는 말이다.

관용어적으로 비록 예수는 믿어 생명책에 기록은 되었지만 성령 받지 못해 공중 재림에 참여하지 못하고 후 삼년반에 남아 있는 성도들 외에 모든 불신자들은 다 짐승을 섬기게 된다는 말이다(계 13:15).

누구든지 귀가 있으면 들으라

계시록 13장 9절을 보면 "누구든지 귀가 있거든 들을지어다"하고 있는데 이 말은 내말을 듣고 이해해서 순종할 사람은 순종해서 행하고, 만약 이해하지 못하는 사람이 있으면 복종해서라도 행하라는 말이다. 왜냐하면 귀의 역할이 통역의 역할을 하는 것 같이 성령을 받은 사람은 성령의 통역을 통하여 주님의 말씀을 알아듣고 순종 또는 복종 할 수 있기 때문이다(이 부분은 저의 책 계 2:7절을 참고하라).

관용어적으로 귀의 역할이 통역의 역할을 하는 것 같이 성령을 받으면 성령의 통역을 통하여 순종 또는 복종하게 되어있다는 말이다.

후 삼년반에 남겨진 성도들이란

계시록 13장 10절을 보면 "사로잡힐 자는 사로잡혀 갈 것이요 칼에 죽을 자는 마땅히 자기도 칼에 죽을 것이니 성도들의 인내와 믿음이 여기 있느니라"하고 있는데 이 말을 공동번역으로 보면 "잡혀 갈 사람은 잡혀 갈 것이며 칼을 맞아 죽을 사람은 칼을 맞아 죽을 것입니다. 그러므로 성도들의 인내와 믿음이 필요합니다"라고 되어있다.

"사로잡힐 자는 사로잡혀 갈 것이요 칼에 죽을 자는 마땅히 자기도 칼에 죽을 것이니"하고 있는데 혹자는 이 말이 '적그리스도가 유대인들을 잡아 죽이던 칼로 자기들이 죽임을 당하게 될 것이라'하는데 이 말은 공동번역의 말과 같이 성도들이 순교 당하는 장면이다. 왜냐하면 "성도들의 인내가 여기 있으니라" 함으로 이는 문맥상 후 삼년반에 남겨진 성도들이 순교 당하는 장면인 것이다. 그렇다면 공중 재림 후 남겨진 성도들은 누구인가 첫째로 두 증인이고(계11:7~8), 둘째로 유대인들 중 각지파별로 만이천명 이하 사람들이고(계7:4~8), 셋째로 두증인의 부활(계 11:13)과 바벨론 멸망을 보고 회개하고 돌아온 전 세계 성도들이다(계 18:9,11,15).

관용어적으로 본 절은 후 삼년반에 남겨진 성도들이 짐승에게 순교 당하는 장면이다.

두 번째 짐승인 짝퉁 선지자

계시록 13장 11절을 보면 "내가 보매 또 다른 짐승이 땅에서 올라오니 어린 양 같이 두 뿔이 있고 용처럼 말을 하더라"하고 있는데 1절의 바다에서 올라온 짐승이 세상 권세를 가지고 밖으로부터 교회를 핍박한 국가나 정치지도자를 말한다면 본 절에서 나타난 땅에서 올라온 짐승은 양의 탈을 쓰고 내적인 방법, 즉 거짓 교리와 이단 사설 그리고 하나님을 인정하기를 거부하고 인간을 우상화하는 인본주의로 교회를 타락시키는 거짓 선지자를 말한다(계 19:20). 여기서 거짓 선지자란 거짓

된 영적 정보를 주는 자를 말하다 .

그렇다면 땅에서 올라온 두 번째 짐승이 짝퉁(이미테이션)인 거짓 선지자라는 증거는 첫째로 본 절을 보면 양 같이 생겼는데 용처럼 말했기 때문이고, 둘째로 양 같이 생겼는데 두뿔을 가졌기 때문이다. 계시록에서 예수는 어린양으로 나오지 두뿔을 가진 분으로 나오지 않는다. 양이 뿔을 가졌다는 것은 싸우는 양이라는 것이다. 이는 하나님을 뿔로 들이 받기 위해 두뿔을 가지고 있는 것이다. 셋째로 계시록 16장 13절과 계시록 19장 20절과 계 20장 10절에 거짓 선지자로 나오기 때문이다.

'내가 보매(에이돈)'라는 말은 환상 전환 관용구로 중요하다. 왜냐하면 후 삼년반의 주인공인 두 번째 짐승의 이야기가 마지막 18절까지 나오기 때문이다. 첫 번째 짐승인 적그리스도가 전삼년반부터 후 삼년반 초반까지 활동했다면 두 번째 짐승인 거짓 선지자는 후 삼년반에만 주로 활동한다. 그러므로 우상 숭배와 사람들을 무자비하게 죽이는 것과 666표는 다 그의 작품인 것이다.

"또 다른 짐승이 땅에서 올라오니"하고 있는데 여기서 '올라오니'라는 말의 헬라어 '아나바이노'는 승천을 의미하는 단어로 이는 거짓 선지자가 어느날 갑자기 승천하듯이 부상했다는 뜻이다.

"어린양 같이 두뿔이 있고"하고 있는데 원래 어린양은(예수) 뿔이 없는데 두뿔을 가졌다고 함으로 이는 예수님의 선지자 되심을 이미테이션

(짝퉁) 한 것이다. 또한 두 번째 짐승인 거짓 선지자가 두뿔을 가졌다고 하는 것은 10뿔 가진 첫 번째 짐승인 적그리스도를 섬기게 된다는 뜻이다. 왜냐하면 뿔은 왕의 권세를 말하는데 거짓 선지자는 두 가지 권세를 가졌다면 첫 번째 짐승은 열가지 권세를 가졌기 때문이다.

그렇다면 이렇게 두뿔가진 거짓 선지자는 누구일까? 두뿔은 야손(교황)과 메넬라오스(이슬람)인데 야손이 먼저 활동(주전175~168)했기에 이는 평화의 사도로 교황이 먼저 전삼년반에 활동할 것을 말하는 것이고, 메넬라오스는 뒤에(주전168~164)활동했기에 후 삼년반에 이슬람 종교 지도자로 활동 할 것을 말하는 말이다. 왜 이슬람 종교 지도자를 짝퉁 선지자라 하느냐면 이슬람이 겉으로 표방하는 것은 구약 성경도 믿고, 예수님도 선지자로 인정하고, 또한 그들은 평화를 외치는 종교이기 때문이다. 그러나 그들의 속성을 보면 온갖 테러를 일삼고 사람의 목숨을 파리 목숨처럼 여기기 때문이다. 이것이 두뿔을 가지고 하나님을 들이 받고 용처럼 말하는 것이 아니고 무엇이겠는가! 그런데 교황을 최초로 적그리스도라 한사람은 영국의 종교개혁자 존 위클리프이다 (1324~1384).

"어린양 같이 두뿔이 있고 용처럼 말하더라"하고 있는데 본 절의 거짓 선지자는 어린양 되신 예수님을 그대로 모방(이미테이션)해 어린양의 탈을 쓰고 나타났지만 용처럼 말함으로 그의 정체(속성)성이 거짓 선지자임을 알 수 있게 되는 것이다.

관용어적으로 두 번째 짐승은 짝퉁 선지자로 후 삼년반에 주로 활동하게 되는데 두뿔이 있다고 함으로 이는 전삼년반에는 교황을 말하고, 후 삼년반에는 이슬람 선지자를 말하는데 계13장에서는 후 삼년반에 활동하는 선지자를 말함으로 이슬람 선지자를 말한다.

두 번째 짐승이 받은 권세

계시록 13장 12절을 보면 "그가 먼저 나온 짐승의 모든 권세를 그 앞에서 행하고 땅과 땅에 사는 자들을 처음 짐승에게 경배하게 하니 곧 죽게 되었던 상처가 나은 자니라"하고 있는데 이를 공동번역으로 보면 "둘째 짐승은 첫째 짐승이 가진 모든 권세를 그 첫째 짐승을 대신하여 행사하고 있었습니다. 그리고 땅과 땅 위에 사는 사람들로 하여금 치명상에서 회복된 그 첫째 짐승에게 절하게 하였습니다"하고 있다.

'그가 먼저 나온 짐승의 모든 권세를 그 앞에서 행하고'하고 있는데 이 말은 용이 자신의 권세를 바다 짐승에게 준 것처럼(4절), 땅의 짐승도 바다 짐승으로 부터 권세를 부여 받는다. 그래서 둘째 짐승의 권세와 영향력은 첫 번째 짐승의 그것과 동일하게 되는 것이다. 그러나 둘째 짐승의 권세는 첫 번째 짐승에게서 비롯된 것이다. '그 앞에서 행하고'라는 말은 첫 번째 짐승이 보는 가운데 그 앞에서 권세를 행한다는 말로 이는 둘째 짐승이 첫째짐승에게 종속되어 있음을 시사하는 말이다. 여기서 권세라는 말이 '엑수시아'로 되어 있기에 이는 첫 번째 짐승이 왕처럼 행사한 것 같이 두 번째 짐승도 그런 권세를 받았다는 말이다. 일반적으로 종교지도자들은 종교적 권능을 행하는 자들인데 본 절의 두 번째 짐승은 왕의 권한인 권세를 가졌다고 하고 있다. 이는 후 삼년반에는 두 번째 짐승이 상당한 권력를 행사할 것을 시사하는 말이다.

'땅과 땅에 사는 자들을 처음 짐승에게 경배하게 하니 곧 죽게 되었던 상처가 나은 자니라'하고 있는데 이는 역사적으로 메넬라오스가 안티오쿠스 4세로부터 권력을 이양 받고(마카비하 5:23) 제우스신이 된 안티오쿠스를 섬기라고 종용한 것을 말하는 것으로(167년), 이렇게 첫 번째 짐승을 숭배하게 하는 것은 거짓 선지자가 하는 일이다.

관용어적으로 두 번째 짐승은 첫 번째 짐승으로부터 모든 권한을 위임받아 권세를 행하며 첫 번째 짐승에게 충성을 다한다는 뜻이다.

두 번째 짐승이 기적을 행하는 이유

계시록 13장 13절을 보면 "큰 이적을 행하되 심지어 사람들 앞에서 불이 하늘로부터 땅에 내려오게 하고"하며 "큰 이적을 행하되"하고 있는데 둘째 짐승이 사람들을 미혹하기 위해 사용한 가장 큰 수단의 하나는 기만적인 이적을 행하는 것이었다(막 13:22). 여기서 '큰 이적'이라는 말의 헬라어는 "포이에이(행하다) 세메이아(이적) 메갈스(큰)"로 '큰 이적을 행했다'라는 뜻인데 그런데 여기서 '세메이아'가 '셈'이라는 말에서 유래가 되었다. 그런데 여기서 셈은 창세기 5장 32절을 보면 노아의 장자로 나온다. 그러므로 이 말을 해석하면 "큰 셈을 만들었다"라는 뜻이 된다. 즉 거짓 선지자가 행한 큰 기적이 이스라엘의 조상인 셈족을 재건한 것이라는 것이다. 셈족은 이스라엘의 조상뿐 아니라 이슬람의 조상이다. 그러므로 큰 셈족을 재건했다는 말은 이슬람 종교를 전 세계에 재건했다는 말이다.

'심지어 사람들 앞에서 불이 하늘로부터 땅에 내려오게 하고' 하고 있는데 둘째 짐승이 행하는 이적 가운데 하나는 불이 하늘로 부터 내려오게 하는 것이었다. 이 이적은 선지자 엘리야가 하나님께 기도하여 불이 내려오게 한 일과(왕상18:38), 두 증인의 입에서 불이 나오게 한 이적을(계11:5) 말하는데 예수님이 엘리야와 모세가 행한 것 보다 더 큰 기적을 행하셨는데 지금 둘째 짐승이 거짓 선지자이기에 예수님이 행한 그런 이적을 모방(이메테이션)하고 있는 것이다. 이는 거짓 선지자가 용과 짐승으로부터 권세를 받아 막대한 권능을 행하며 인간이 행할 수 없는 이적을 베풀어 사람들을 미혹하려 하는 것을 시사하는 말이다.

관용어적으로 두 번째 짐승이 이렇게 큰 기적을 행한 이유는 사람들을 기만해 미혹하기 위해서이다.

두 번째 짐승인 거짓 선지자가 불신자들에게 첫 번째 짐승의 우상을 만들라 함

계시록 13장 14절을 보면 "짐승 앞에서 받은 바 이적을 행함으로 땅에 거하는 자들을 미혹하며 땅에 거하는 자들에게 이르기를 칼에 상하였다가 살아난 짐승을 위하여 우상을 만들라 하더라"하고 있는데 이를 공동번역에서는 "그리고 그 첫째 짐승을 대신해서 행하도록 허락받은 기적을 가지고 땅 위에 사는 사람들을 현혹시켰습니다. 또 땅 위에 사는 사람들더러 칼을 맞고도 살아난 그 짐승을 위하여 우상을 만들라고 하였습니다"하고 있다. 두 번째 짐승인 거짓 선지자가 첫 번째 짐승을 대신해서 이적을 행함으로 땅에 거하는 사람들을 미혹해 첫 번째 짐승의 우상을 만들어 섬기에 한다.

'땅에 거하는 자들'은 후 삼년반에 남겨진 불신자들을 지칭하는데 그들은 거짓 선지자가 행한 이적에 현옥이 된다. 또한 "칼에 상하였다가 살아난 짐승을 위하여 우상을 만들라 하더라"하고 있는데 이는 역사적으로 주전 170년 유대 대제사장 메넬라오스가 시리아의 8대왕 안티오쿠스 4세가 만든 우상을 섬기게 한 것을 말한다. 이와 같이 거짓 선지자가 첫 번째 짐승인 적그리스도의 우상을 만들고 불신자들에게 섬기게 한다는 것이다.

관용어적으로 두 번째 짐승인 거짓 선지자가 기적을 행한 이유는 현옥해서 우상을 만들게 하려고 행한 것이다.

우상에게 절하지 않으면 다 죽음

계시록 13장 15절을 보면 "그가 권세를 받아 그 짐승의 우상에게 생기를 주어 그 짐승의 우상으로 말하게 하고 또 짐승의 우상에게 경배하지 아니하는 자는 몇이든지 다 죽이게 하더라"하며 두 번째 짐승이 첫 번째 짐승의 우상을 만들게 하고 그 우상에게 생기를 넣어 그 짐승에게 말하게 하고 우상을 숭배하게 하는데 만약 하지 않으면 다 죽인다고 한다.

"그가 권세를 받아"라는 말의 헬라어는 "에도데(디도미=주다) 아우토(3인칭 대명사)"는 '저에게 주었다' 는 말로 본 절에서는 권세를 주었다는 말이 나오지 않는데 권세로 해석한 것은 12절에서 권세를 첫째 짐승으로부터 받았기에 본 절에서 '에도데'로 되어 있지만 권세로 해석한 것이다. 왜냐하면 에도데가 '디도미'의 부정과거 수동태이기 때문이다. 부정과거 수동태는 과거에 한번에 주어진 것을 말하는 말이기 때문이다. 그러므로 '에도데'를 권세로 해석해도 문안하다.

"우상"이라 하고 있는데 여기서 우상이라는 말의 헬라어는 '에이콘' 인데 이는 히브리어 '첼렘'에 해당하는데 '첼렘'은 육체와 같이 모양이 있는 형상을 말하는 말이다. 그러므로 이는 14절에서 만든 우상을 말하는 것이다.

'생기를 주어' 하고 있는데 이 말의 헬라어는 '두나이(디도미=주다) 프뉴마(영, 생기)'로 영혼이라고 번역 할수도 있고 생명이라고 번역할 수도 있는데 여기서는 생명으로 해석해야 한다. 그러므로 이 말은 우상에게 생명을 주었다는 말이다. 이는 지금 거짓 선지자가 창2:7절을 보면 하나님이 사람을 창조한 것 같이 우상에게 생기를 넣어 창조함으로 하나님을 이미테이션하고 있는 것이다.

또한 이렇게 우상이 말을 하는 것은 고대 문헌에도 나온다. 행전8장의 시몬 마구스는 동상들에게 생명을 준 사람으로 알려졌으며, 로마의 종교를 집행하는 제사장들은 마술을 행하고 입을 벌리지 않고(복화술) 말하는 술법을 사용하여 황제의 동상이 말하는 것처럼 사람들을 기만하고 권력자들과 야합하며 생활하였다고 한다. 그러나 본 절에서 우상이 말하게 한 것은 이런 복화술이 아니라 창세기 2장 7절처럼 실제로 이적을 행해 생기를 불어넣어 말하게 한 것이다.

"몇이든지 다 죽이게 하더라"하고 있는데 이 말의 헬라어는 "호소이(모두) 한(하는) 메(결코~~않다) 프로스퀴네소신(경배)"로 "결코 경배하지 않는 모두"를 말함으로 거짓 선지자가 우상에게 절하지 않으면 모두 다 죽이게 했다는 것이다. 그러므로 후 삼년반에 신앙을 지키는 일은 결코 쉬운 일이 아니다. 왜냐하면 거짓 선지자가 우상 숭배를 하지 않으면 다 죽이기 때문이다(계 13:8). 이런 잔인성을 볼 때 적그리스도도 이슬람에서 나오고, 두 번째 짐승인 거짓 선지자도 이슬람에서 나오게 되어 있는 것이다. 그럼에도 불구하고 생명책에 기록된 남겨진 성도들이 끝까지 존재 한다고 했기에 이런 후 삼년반의 환난에도 살아남은 성도는 있는 것이다(계 13:8).

관용어적으로 후 삼년반에는 우상에게 절하지 않으면 다 죽게 되어 있다.

666표인 큐알코드

　계13:16절을 보면 "그가 모든 자 곧 작은 자나 큰 자나 부자나 가난한 자나 자유인이나 종들에게 그 오른손에나 이마에 표를 받게 하고"하고 있는데 여기서 '그가 모든자' 할 때 이 말의 헬라어는 '포이에이(행하다) 판타스(파스=모든)'로 여기서 '판타스'는 전체를 의미하는 말이고 '포이에이'는 직설법 현재 동사이기에 지금 모든 사람에게 표를 받으라고 하는 것인데 이는 표를 받게 모든 사람에게 강요하는 것을 말한다. 그러나 이런 강요에 굴복하지 않는 생명책에 기록된자 곧 예수님(물로 거듭난자)을 믿는자들은 거절한다.

　'곧'이라는 말이 나오는데 이런 말이 나오면 오버랩 기법으로 앞의 것을 다시 디테일하게 설명하는 것이라 말씀 드렸듯이 곧이 나왔기에 '모든 자'를 다시 구체적으로 뒤에서 설명할 것이다. '작은 자나 큰 자나 부자나 가난한 자나 자유인이나 종들에게'하고 있는데 이는 앞의 '모든 자'를 구체적으로 설명하는 것이다. 그런데 이런 말은 관용어적으로 전체 즉 한 사람도 열외 없음을 나타내는 관용어이다. 그러므로 두 번째 짐승인 거짓 선지자가 표를 받게 하는데 있어서는 전인류에게 모두 강요한다는 말이다. 그런데 남겨진 성도들만은 이 강요를 순교를 각오하고 거절한다.

　'그 오른손에나 이마에'하고 있는데 여기서 '오른손'은 할 때 오른쪽은 이스라엘에서는 좋은 것을 상징하고 "손"은 권능을 상징한다. 그래서 사람의 오른손 하면 권능의 손을 말하고, 하나님의 오른손 하면 전능하신 손을 말한다. 그런데 거짓 선지자가 오른손에 표를 받게 한다는 것은 이런 힘을 빼앗아 자기 통제 아래 있게 한다는 뜻이다. 또한 "이마에" 할 때 '머리'는 지혜를 말하고, '이마'는 인격이나 신분을 말하는 것으로 예수님이 이마에 인을 쳤다는 것은 그가 예수의 신분을 갖고 예수의 사람이 되었다는 뜻이고, 그가 적그리스도 표를 이마에 받았다는 것은 그의 인격과 신분이 적그리스도에게 박탈당해 적그리스도의 노예가 되었다는 뜻이다.

'표를 받게 하고' 있는데 이 말의 헬라어는 "카라그마"인데 이 낱말은 고전 헬라어에서는 긁힌 자국을 가리켰다. 그러나 이것이 발전하여 점차 인의 의미로 쓰여 '카라그마'는 문서상의 공식적 증거물로 남는 '명각(금속에 문자를 새김)'이나 뱀에 물린 상처나 황제가 찍은 도장, 또는 주인이 소유권을 나타내기 위하여 짐승이나 노예에게 찍는 낙인등을 가리킬때 쓰는 용어로 쓰였다. 그러므로 계7장에서 인침할 때 '인'이란 말의 '습흐라기스'나 '표'라는 '카라그마'는 별 차이가 없는 언제든지 서로 대용될수 있는 용어이다. 그러나 하나님의 인침과 거짓 선지자의 표을 구별하기 위해 습흐라기스와 카라그마로 쓴 것 뿐이다. 그러므로 결국 거짓 선지자가 하나님의 인침을 이미테이션(모방)한 것이 카라그마인 표인 것이다. 이렇게 두 단어가 별 차이가 없는 단어이기에 666표가 베리칩이 아닌 것을 알 수 있다. 왜냐하면 베리칩은 심는 것인데 '인'이나 '표'는 도장을 의미하기에 심는 것이 아니라 손 위나 이마위에 낙인을 찍듯이 도장을 찍는 것이기 때문이다. 그런데 계7장의 인침이 두증인으로부터 물과 성령 받는 것을 말한다고 했는데 이렇게 우리가 물인 예수를 영접하고 성령을 받게 되면 우리도 모르게 하나님은 우리의 이마에 성령의 도장을 찍으신다는 것이다. 우리 눈에는 이 인침이 야광이기에 보이지 않으나 하나님의 눈에는 마치 야광이 밤에 보이는 것 같이 보이신다는 것이다. 그런데 이런 성령의 인침이나 마귀의 표인 666의 인침은 신6:8절의 이마나 손목이라는 것을 관용어적으로 반영한 말씀이다. 반영이라는 말의 뜻을 자세히 알려면 저의 책 계10:9절을 참고하라

'오른손에나 이마에 표를 받게 하고' 이말의 헬라어는 '카라그마(도장) 에피(위에) 테스 케이로스(손) 아우톤(3인칭 대명사=그들) 테스 덱시아스(오른쪽), 에 에피(위에) 톤 메토톤(이마) 아우톤(그들)'으로 이는 '그들 손위에 도장을 찍었고, 그들 이마 위에'라고 되어있다. 다시 말해 이 말은 베리칩처럼 심는 것으로 되어 있지 않고 '에피(~~위에)'인 '그들 손 위와 이마 위에 도장'을 찍는 것으로 되어있다. 그러므로 베리칩은 절대로 666표가 될수 없다. 왜냐하면 '피부 위에' 찍는 도장을 말하기 때문이다. 그런데 이런 피부 위에 찍는 도장이 나왔으니 그것은 바로 '큐알코드 또는 스마트 지문'이다. 그러므로 666표는 베리칩이 아닌 '큐알코드 또는 스마트 지문'이 될 것이다.

"받게 하고"라는 말의 헬라어는 '히나(~하려는) 도세(받다)'로 여기서 '도세'는 '디도미'의 미래 중간태 3인칭 단수로 결국 이 말은 '받게 하려고'로 이는 미래형으로 되어있다. 그러므로 요한의 시대에 강요하는 것이 아니라 미래에 666표를 받을 것을 강요한다는 말이다.

관용어적으로 표는 666표를 말하는데 이는 손이나 이마 위에 도장 찍는 것으로 큐알코드나 스마트 지문을 말하는 것이다.

표가 없으면 매매가 금지됨

계13:17절을 보면 "누구든지 이 표를 가진 자 외에는 매매를 못하게 하니 이 표는 곧 짐승의 이름이나 그 이름의 수라"하고 있는데 이는 세상 권세를 잡은 거짓 선지자가 기독교인들에게 사회적, 경제적 제재를 강력하게 가해 도저히 살아갈수 없는 환경을 만들어 버린다는 말이다.

여기서 '누구든지'라는 말의 헬라어는 '티스'인데 이 티스는 의문 대명사가 아닌 간접 부정대명사로 모든 사람을 의미하는 말이다. 그러므로 이 말에는 예외 없이 모두라는 '파스(전체)'적 개념인 것이다.

"누구든지 이 표를 가진 자 외에는 매매를 못하게 하니"라는 말의 헬라어는 '카이 히나(~하려고) 메(결코~않다) 티스(의문대명사가 아닌 간접 부정대명사=어떤 사람) 뒤네타이(뒤나마이=할수 있다) 아고라사이(아고라조=시장에서 사다) 헤(영어로or=또는) 폴레사이(폴레오=팔다)' 라는 말로 여기서 '아고라사이'는 '아고라조'의 능동태 제1 부정과거 부정사이고 스스로 물건을 사는 것을 말하고, '폴레사이'는 '폴레오'의 능동태 제 부정과거 부정사로 이는 실제로 물건을 파는 것을 의미하는 말로 그 뜻은 '결코 어떤 사람이라도 시장에서 사거나 팔수 없다'라는 말로 표를 가진자 외에는 결코 물건 매매 할수 없다는 말이다.

'이 표는 곧 짐승의 이름이나 그 이름의 수라'이 말의 헬라어는 "에이(만약~이라면) 메(결코~아니다) 호 에콘(에코=가지다) 토 카라크마(표.도장) 헤(영어로or=또는) 토 오노마(이름) 투 데리우(사나운 독이 있는 짐승) , (구두점) 헤(영어로or=또는) 톤 아리드몬(아리드모스=수) 투 오노마토스(이름) 아우투(3인칭 대명사)"라는 말로 이는 '만약에 그 도장 또는 그 짐승의 이름 또는 그 이름의 수를 가지고 있지 않으면'이라는 말로 여기서 '표'는 짐승의 이름이나 숫자가 담겨져 있는 '큐알코드, 스마트 지문' 같은 것을 말하고, '짐승의 이름'을 가지고 있어야 한다고 함으로 이는 아마 짐승이 발행한 '주민등록증'과 같은 것이 있어야 한다는 말 같다. 왜냐하면 분리 전치사 '헤'가 들어가 앞 내용과 분리하고 있기 때문이다. 또한 헬라어 원문에는 '그 이름의 수'라는 말 앞에 즉 , 헤 아리드몬 투 오노마토스라는 말 앞에 구두점 쉼표 , 이것이 들어가 있다. 이는 앞의 표와 이름을 별도로 다시 분리하고 있고 또한 분리 전치사 '헤'가 들어가 있다. 그래서 킹제임스에서는 '그 표나 그 짐승의 이름이나 그의 이름의 숫자를 지닌 사람을 제외하고'하며 표와 이름과 숫자를 서로 분리하고 있다. 이 말은 세 가지 중에 한가지만 가져도 된다는 말이다.

그런데 이 말을 한글 개정 성경으로 보면 '이 표는 곧 짐승의 이름이나 그 이름의 수라'하며 표는 곧 짐승의 이름이나 수가 들어가 있는 큐알코드나 스마트 지문같은 것으로 되어있다. 이는 현대어 성경도 '짐승의 이름이나 그 이름을 뜻하는 숫자가 새겨진 낙인이'하며 똑 같이 해석하고 있다. 만약 한글 개정 성경으로 해석하면 표안에 첫 번째 짐승의 이름이나 그를 뜻하는 숫자가 들어가 있다는 말이고, 헬라어 원문으로 하면 표와 이름과 숫자라는 세 가지 신분증이 있다는 말이 된다. 어떤 것이 옳은지 모르지만 확실한 것은 종말의 때에는 반드시 짐승의 신분증이 있어야 매매가 가능하다는 뜻이다. 그런데 18절과 연결해 볼 때 한글 개정성경의 해석이 더 옳은 것 같다.

또한 주후 10세기 아라비아 숫자가 발명되기 전까지는 로마 사람들은 문자로 수를 표시했다. 예를 들면 헬라어 알파는1, 베타는2. 이와 같은 방법으로 수를 사용했다. 이렇게 문자를 숫자로 바꾸어 사용하기도 했지만 아라비아 숫자가 발견된 후에는 반대로 문자를 숫자로 바꾸어 사용하기도 했다. 우리가 대통령 차를 1호차, 국무총리 차를 2호차 하는 것 같이 숫자로 대통령이나 총리라는 용어를 대신했다는 말이다. 그러므로 본 절에서 이름이나 숫자는 결코 분리되어 쓰이는 것이 아니라 표현만 다를뿐 결국 같은 말인 것이다.

관용어적으로 표는 곧 이름이나 이름을 상징하는 숫자라는 뜻이다. 그런데 이것이 없으면 매매가 전면 금지 된다는 말이다.

적그리스도의 이름의 수는 666

계시록 13장 18절을 보면 '지혜가 여기 있으니 총명한 자는 그 짐승의 수를 세어 보라 그것은 사람의 수니 그의 수는 육백육십육이니라' 하고 있는데 여기서 '지혜가 여기 있으니' 라는 말의 헬라어는 '호데(부사=여기) 헤 솝히아(지혜) 에스틴(현재 직설법3인칭=~이다)'으로 이는 '지혜가 여기 있다'라는 말로 공동번역에서는 '바로 여기에 지혜가 필요합니다'라는 뜻이다. 즉 이런 종말에는 지혜가 필요하다는 말이다.

'총명한 자'라 하고 있는데 이 말의 헬라어는 '호 에콘(에코=소유) 톤 눈(누스=지능.감각.영리.지각)'으로 이는 '감각을 소유한자'라는 말로 종말에 지혜가 필요한데 그 지혜는 감각을 소유한 것을 말한다. 그런데 이 총명을 킹제임스에서는 '지각'으로 해석함으로 결국 잘 깨닫는 자를 말한다. 즉 시대의 흐름을 잘 알고 말씀을 잘 깨닫고 대처 하는자 그가 바로 지혜로운 자라는 것이다. 그러므로 여기서 지혜를 가진 자는 남겨진 성도 밖에 없는 것이다. 즉 남겨진 성도들은 성경에 대한 지식이 있기에 이런 일이 일어나면 말씀이 생각나 깨닫고 지혜롭게 대처한다는 말이다. 또한 '그 짐승의 수를 세어 보라'는 말의 헬라어는 '프셉히사토(프셉히조=세다.계산하다) 톤 아리드몬(수) 투 두 데리우(짐승)'라는 말로 이는 '짐승의 수를 세어보라'라는 말이다.

'그것은 사람의 수니 그의 수는 육백육십육이니라' 이 말의 헬라어는 '아리드모스(수) 가르(그러니까) 안드로푸(사람) 에스틴(이다), 카이 호 아리드모스(수) 아우투(3인칭 대명사=그 남자의) 키(600) 크시(60) 스티그마(6)'로 그 뜻은 '수는 그러니까 사람이다. 그리고 그 남자의 수는 666이다'함으로 여기서 수는 곧 사람의 수를 말하는데 그 남자 수는 666이라는 것이다. 그러므로 이 말은 첫째 짐승의 수가 곧 666이라는 말이다.

고대 사람에게 있어 수는 그냥 수가 아니라 문자였다. 그래서 다윗 하면 숫자로 14를 의미 했는데 이와 같이 네로 이름의 수도 666인데 이는 로마어로 표기하면 '네론 가이살(NRON KSR)'인데 이를 각 철자의 수로 표기를 하면 50 + 200 + 6 + 50 + 100 + 60 + 200인데 이을 모두 합치면 666이 된다. 그러므로 종말에 나타날 적그리스도의 이름의 수는 666이 될 것이다. 그런데 666이라는 숫자는 신약에만 등장하는 것이 아니라 구약에서 세 번이나 등장한다(에스라2:14,대하9:13,왕상10:14). 구약에서 666의 뜻은 하나님에 의해 사람이 가장 큰 복을 받은 것을 말하는 말로 쓰였다. 왜냐하면 6은 사람의 숫자이고, 3은 하나님의 숫자인데 666은 사람이 세 번 겹치는 것으로 이는 하나님이 사람에게 가장 큰 복을 주었다는 뜻이기 때문이다. 아마 17절의 '표(도장)'는 이 666마크가 새겨져 있든지 아니면 666에 해당하는 적그리스도의 이름이 새겨져 있는 큐알코드나 스마트 지문 같은 것일 것이다.

관용어적으로 적그리스도의 이름의 수는 666이 될 것이다.

하존 요한계시록 4

제 2 강

계시록 14 장

l 계 14 장

시온성에 주님과 함께 선 144,000명

계시록 14장 1절을 보면 "또 내가 보니 보라 어린 양이 시온 산에 섰고 그와 함께 십사만 사천이 서 있는데 그들의 이마에는 어린 양의 이름과 그 아버지의 이름을 쓴 것이 있더라"하고 있는데 계14장을 정리하면 성도들이 공중 재림에 참여하고 있을 때 지상에서 무슨 일이 벌어지고 있는지가 나오는데 그것은 계9장이 이루어 지고 있고, 일곱 천사가 후 삼년반에 있을 사건을 전하고 있다.

계시록 6장이 이스라엘 포위로부터 백보좌 심판까지의 시간표라면, 계8~9장은 7년 환난의 시작부터 3차 대전의 시간표이고, 계시록14장은 공중 재림으로 부터 아마겟돈 전쟁까지의 시간표로 계7~20장이 압축되어있다.

"내가 보니"이 말은 환상전환 관용구로 이 말이 나오면 환상이 전환 된다. 또한 '어린양'이 나오는데 어린양은 계시록에서 예수님의 닉네임(이명)을 말하는 관용어이다.

'시온 산에 섰고'하고 있는데 시온산은 다윗이 여부스 족속으로부터 빼앗아 다윗 성이라고 이름을 붙인 성으로 성벽으로 둘러싸인 높이 765미터의 산으로 천혜의 요새라는 뜻을 가지고 있는 산으로 솔로몬이 등극한 후, 예루살렘성이라 불려지게 된다. 그런데 본 절에서는 144,000명이 이 시온 산에 섰다고 한다. 그러므로 본 절의 시온 산은 '공중혼인 잔치 자리'를 말한다. 바벨론 포로 이전 시대에는 시온 산이란 말이 유다의 전 영토와 이스라엘 전 족속을 의미하는 말로 쓰였으나 포로 시대 이후에는 성전과 예루살렘성을 가리키는 말로 쓰였다.

이사야는 시온 산을 무남독녀 외동 딸인 예루살렘 주민을 일컫는 말로 썼고, 예루살렘은 이스라엘 백성인 12지파를 부르는 명칭으로 불렀다(사 4:4). 그런데 본 절에서는 예루살렘성이라 하지 않고 시온산이라 하고 있다. 이는 예루살렘이라 하면 12지파만 공중 재림에 참여한 것이 되지만 시온산하면 무남독녀인 믿는 모든 성도들이 공중 재림에 참여한 것이 되기 때문이다. 비록 본 절에는 십사만사천만 등장하지만 사실은 이방인도 포함되어 있는 것이다(계 7:9). 예레미야가 바벨론에 의해 예루살렘성이 정복 당할 것을 말하며 회개를 촉구했지만 유다 백성들은 이런 예레미야를 조롱했다. 왜냐하면 예루살렘은 난공불락의 천혜의 요새로 한번도 정복 당한적이 없었기 때문이었다. 또한 예루살렘하면 성전이 있는 곳이기에 유대인들은 예루살렘을 본향으로 여겼다. 즉 새 예루살렘이 우리의 본향인 것 같이 유대인들의 본향은 실제적으로 예루살렘으로 생각했던 것이다.

'어린 양이 시온 산에 섰고' 시온산은 공중혼인 잔치 자리에 대한 관용어인데 왜냐하면 본장 15절을 보면 '구름 위에 앉은 이를 향하여' 하며 예수님이 지금 구름위 앉아 있다고 하고 있는데 본 절에서는 주님이 지금 144.000과 함께 시온산에 섰다고 하고 있기 때문이다. 그러므로 본 절의 시온산은 시온산이 아닌 공중혼인 잔치 자리에 대한 관용어인 것이다.

"어린양이 시온 산에 섰고 그와 함께 십사만 사천이 서 있는데"하고 있는데 만약 계7장에서 공중 재림이 이루어지지 않았다면 지금 시온산에 주님과 함께 서 있는 이들은 과연 누구인가? 이렇게 시온산에 주님과 함께 144.000명이 섰다는 것은 공중혼인 잔치에 성도들이 참여했다는 말로 이미 이전에 공중 재림이 있었다는 말이 되는 것이다.

'그들의 이마에는 어린 양의 이름과 그 아버지의 이름을 쓴 것이 있더라' 하고 있는데 이 말의 헬라어는 '에토 오노마(이름) 투 파트로스(아버지) 아우투(그 남자의) 게그람메논(그랍호=쓰다.새기다) 에피(위에) 톤 메토폰(이마) 아우톤(3인칭대명사=그들에게)'로 이는 '그들의 이마 위에 그 남자의 아버지의 이름을 새겼다' 라는 말로 헬라어 원어에서는 어린양이 나오지 않고 있지만 다른 사본에는 어린양의 이름이 나온다. 그러나 삼위 하나님의 이름이 예수이기에 사본에 등장하든 등장하지 않든 결국 의미는 똑 같다. 그런데 이렇게 이마에 어린양의 이름과 아버지의 이름이 나오는데 그 이름은 바로 예수이다(저의 책 계 3:12, 계 7:4, 계 22:4.요 7:11~12절을 반드시 참고하라). 그러므로 결국 이 말은 그들의 이마에 예수님의 이름이 새겨져 있다는 말이다. 고대 근동의 도장을 보면 '~~누구 누구 아내'라는 도장이 있었다고 한다(계 2:17절을 반드시 참고하라). 결국 이 말은 이들 이마에 예수님의 아내라는 도장이 새겨져 있다는 말이다.

관용어적으로 시온산은 공중혼인 잔치자리를 말하는 말이고 하나님의 이름과 어린양의 이름은 예수라는 말이다.

천사들의 찬양과 거문고

계시록 14:2절을 보면 "내가 하늘에서 나는 소리를 들으니 많은 물소리와도 같고 큰 우렛소리와도 같은데 내가 들은 소리는 거문고 타는 자들이 그 거문고를 타는 것 같더라"하고 있다.

"내가 하늘에서 나는 소리를 들으니"하고 있는데 여기서 '내가'는 요한을 말한다. 그런데 여기서 하늘에서 나는 소리을 들었다고 하는데 혹자는 이 찬양 소리는 공중혼인 잔치에 참여한 십사만사천명이 합창하는 찬양의 소리라고 주장하나 그러나 천사의 소리이다. 왜냐하면 3절을 보면 이들이 보좌와 장로들 앞에서 부른다고 나오고 있고, 또한 이 노래를 땅에서 속량함을 받은 144.000명만 배울 수 있다고 하고 있기 때문이다. 만약 이들이 십사만사천의 찬양이라면 3절에서 십사만사천명이 이 찬양을 배운다는 말이 나오지 않았을 것이다. 그러므로 이들은 144.000명이 아닌 천사들의 찬양이다.

"많은 물 소리와도 같고 큰 우렛소리와도 같은데"하고 있는데 이말의 헬라어는 '호스(같은) 프호넨(소리) 휘다톤(물) 폴론(많은), 카리스 호스(~같은) 포호넨(소리) 브론테스(번개) 메갈레스(큰)'으로 그 뜻은 '많은 물 소리 같고, 그리고 큰 번개 소리 같은'이란 말로 이 말은 이 천사들의 찬양 소리가 많은 물 소리 같이 청아 했고 또한 큰 번개 치는 것 같이 우렁차게 들렸다는 말이다.

"내가 들은 소리는 거문고 타는 자들이 그 거문고를 타는 것 같더라"하고 있는데 이 말의 헬라어는 "카이 포호넨(소리) ~~헤쿠사(아쿠오=듣다) 카리다로돈(키다로도스=거문고 연주자) 키다리존톤(키다리조=거문고 타다) 엔(를.안에) 타이스 키다라이스(키다라=거문고) 아우톤(3인칭 대명사.그들)"로 '거문고 연주 소리를 들었다. 그들이 거문고 안에서 거문고 타는 것'하고 있음으로 결국 이는 요한이 물소리 같이 청아한 찬양 소리가 번개 소리처럼 크게 들렸고, 그리고 거문고 타는 천사들이 거문고 타는 소리를 들었다는 말이다. 그런데 이렇게 계시록에서 거문고가 나오면 뒤에 찬양이 나온다. 그러므로 다음절에 찬양이 나올 것이다.

관용어적으로 본 절의 찬양 소리는 천사들의 소리인데 이들의 찬양이 물소리가 같이 청아 하면서도 번개 소리처럼 큰 찬양 소리였고 또한 천사들이 거문고 타는 소리도 들었다는 것이다.

천사들이 거문고 타고 부른 찬양은 테힐라 찬양임

계시록 14장 3절을 보면 "그들이 보좌 앞과 네 생물과 장로들 앞에서 새 노래를 부르니 땅에서 속량함을 받은 십사만 사천 밖에는 능히 이 노래를 배울 자가 없더라"하고 있는데 여기서 '그들'은 2절에서 찬양을 했던 천사들을 말한다. 그런데 그 들이 보좌 (하나님)앞과 네 생물과(생물천사)와 장로들(성도들의 대표) 앞에서 새 노래를 불렀다고 한다(새 노래는 저의 책 계5:9절을 반드시 참고하라)

'구속함을 얻은 자' 이 말의 헬라어는 '호이(그들) 에고라스메노이(아고라조=사다)'라는 말로 이는 '사다'라는 말로 계5:9절을 보면 '일찍이 죽임을 당하사 각 족속과 방언과 백성과 나라 가운데에서 사람들을 피로 사서 하나님께 드리시고'할 때 지상의 모든 족속 중 예수의 피로써 하나님께 '사서 드려진'(에고라사스 계5:9) 사람들로서 하나님의 인을 맞았을 뿐만 아니라(계7:4~8) 어린양의 피에 그 옷을 씻어 희게 한 자들로(계7:14) 공중혼인 잔치에 참여한 자들인 십사만사천명을 말한다.

"노래를 배울 자가 없더라"하고 있는데 이는 천사들의 찬양을 배울 자는 십사만사천밖에 없다는 말로 왜냐하면 새 노래인 테힐라 찬양이기 때문이다(저의 책 계5:9절 참고). 그런데 주석가들은 이 찬양은 천사들이 주님께 직접 배운 새노래 찬양이라 한다.

관용어적으로 천사들이 거문고 타며 부르는 2절의 찬양은 테힐라 찬양으로 주님께 배운 찬양으로 이 찬양을 배울자는 십사만사천 밖에 없다.

공중 재림에 참여하려면 (1)

계시록 14장 4절을 보면 "이 사람들은 여자와 더불어 더럽히지 아니하고 순결한 자라 어린 양이 어디로 인도하든지 따라가는 자며 사람 가운데에서 속량함을 받아 처음 익은 열매로 하나님과 어린 양에게 속한 자들이니" 계시록의 기록 목적은 물과 성령으로 거듭나지 못해 비록 후 삼년반으로 유기된다 할지라도 지상 재림이 이루어질때까지 회개의 기회가 있다는 것을 가르쳐 주기 위해 기록했다는 것이다. 그러므로 계시록이 심판의 복음이 아닌 회개의 복음과 사랑의 복음인 것이다. 왜냐하면 하나님께서 지상 재림 하시는 그 순간까지도 끊임없이 후 삼년반에 남겨진 성도들과 불신자들에게도 기회를 제공해 주기 때문이다.

본장4~5절은 3절 땅에서 속량함을 받아 공중 재림에 참여한 자들을 다시 디테일(구체적)하게 그들이 어떤 자들인지 설명하고 있는 절이다.

본 절의 "이 사람들은" 3절의 속량함을 받고 공중 재림에 참여한 144.000명을 말한다.

"이 사람들은 여자와 더불어 더럽히지 아니하고 순결한 자라"이 말의 헬라어는 '후토이(저) 에이신(3인칭 현재 직설법=~이다) 호이(그들) 메타(함께) 귀나이콘(부인.여자) 우크(결코~않다) 에몰륀데산(몰뤼노=도덕적으로 더럽히다). 팔데노이(팔데노스=처녀.동정녀) 가르(정말로) 에스틴(이다)'로 이는 '그들은 부인들과 더불어 결코 도덕적으로 더럽히지 않았다. 정말로 처녀였다'라는 말인데 여기서 여자에 해당하는 '귀나이콘'은 여자로 해석도 하지만 일반적으로 부인과 아내을 의미하는 말이다. 그리고 '더럽히지 아니하고'라는 '우크 에몰륀데산'은 '도덕적으로 더럽히다,부도덕하다'라는 '몰뤼노'의 부정 과거형인데 동사를 부정하는 부정어 '우크'와 함께 나온 것으로 보아서 다른 부인들과 부적절한 행동을 하지 않은 것을 말한다. 그리고 '순결한자'라는 '팔데노이'는 '동정녀.처녀'를 의미하는 말이다. 그러므로 이 말을 연결 시키 해석하면 '부인이 곧 동정녀(처녀)'라는 말이 된다. 그런데 부인이 곧 처녀라는 말은 성립될 수 없는 말이다. 왜냐하면 부인이 동정녀인 처녀가 될 수 없기 때문이다. 그래서 혹자는 영적으로 해석해서 여자는 우상을 가리키고 정결한자는 성도를 가리킨다고 해석을 하는데 그렇지 않다. 이 말은 문자 그대로 부인이 처녀성을 잃지 않고 처녀로 있다는 말이다. 그런데 이는 유대인들이 일부일처를 말할때 쓰는 관용어적 표현을 이다. 왜냐하면 성경에서는 정당한 혼인관계에 의해 성관계를 갖게되면 이것도 정결한 처녀로 말하기 때문이다.

　　누가복음 1장 27절을 보면 마리아를 향하여 '팔데노스'라 해서 '동정녀'라 하고 있다. 그런데 마리아는 이미 요셉과 정혼을 했다. 물론 성관계를 갖지 않았지만 어쨌든 정혼을 했다. 그런데 당시 유대법에 의하면 정혼한 여자는 법적으로 아내였다. 그래서 마태복음 1장 24절에서는 이 정혼한 마리아를 '귀나이카' 해서 '부인'으로 부르고 있는 것이다. 그러므로 본 절 여자는 처녀가 아닌 부인인 것이다. 또한 창34:3절을 보면 디나가 강간당한 이야기가 나오는데 70인역에서는 하몰의 아들 그 땅 추장 세겜에게 겁탈 당한 야곱의 딸 디나가 처녀성을 잃었는데 '소녀'인 '팔데노스'로 말하고 있다. 그런데 '팔데노스'는 성관계를 가진 적이 없는 처녀를 말한다. 그러나 디나는 성관계를 가졌기에 이런 팔데노스인 동정녀라는 말을 쓸 수 없는데 쓰고 있다. 그러므로 "이 사람들은 여자와 더불어 더럽히지 아니하고 순결한 자라"라는 말은 처녀라는 말이 아니라 결혼한 후에 음행하지 않은 여자를 말하는 말인 것이다. 다시 말해 팔데노스는 일부일처에 대한 유대인들의 관용어를 말하는 것이다. 그러므로 우리가 공중 재림에 참여하려면 첫째로 144.000명과 같이 일부일처로 살아야 하는 것이다.

'어린 양이 어디로 인도하든지 따라가는 자며'하고 있는데 이 말을 쉽게 말하면 약4:7절처럼 하나님께 순복하는 자를 말한다(라마나욧). 이렇게 주님의 말씀이라면 불나방과 같이 죽을 줄 알면서도 불속에 뛰어드는 성도를 말한다. 그러므로 우리가 공중 재림에 참여하려면 둘째로 말씀에 순종 하든지 복종해야 하는 것이다.

'사람 가운데에서 속량함을 받아 처음 익은 열매로 하나님과 어린 양에게 속한 자들이니'하고 있는데 이 말의 헬라어는 '후토이(그들) 에고라스데산(아고라조=사다.구속) 아포(떨어져서.멀리.분리) 톤 안드로폰(사람), 아팔케(첫열매.희생제물) 토 데오(하나님) 카이 알이오(어린양)'로 이는 '그들을 속된(불신자) 사람들로부터 멀리 떨어지게 하기 위해 샀다. 어린양과 하나님의 첫 열매로'라는 말로 이는 144.000명에 대한 이야기인데 이 144.000명은 불신자들로부터 주님의 희생을 통해 산

구속받은 사람들로 어린양과 하나님의 첫 열매라는 것이다. 즉144.000명이 첫 열매라는 말이다.

그런데 여기서 '첫 열매'할 때 첫 열매라는 말의'프로토토코스'라는 말 대신에'아팔케'라는 단어가 사용되고 있다. 이 '아팔케'는 합성어로'~로 부터,분리,출발,중지,완성,역전'을 나타내는 '아포'와 '시작하다'라는 뜻을 가진'알코마이'와 합성된 단어로'분리되기 시작했다'라는 뜻으로 많은 열매중에 분리 된 것을 말하는 말이다. 그러므로 이 말이 첫 번째 수확한 열매를 말하는 것이 아니라 많은 열매중에 좋은 열매를 말하는 말이다. 그래서 첫 번째라는 '프로토토코스'라는 말이 사용되지 않고 '아팔케'라는 말이 쓰인 것이다. 에스겔서 48장 14절에서 "처음 열매는" 제일 좋은 수확물을 말하는 말로 곡식중에서 첫 열매는 많은 곡식중 제일 좋은 열매를 말하고, 나라 중 첫 열매는 이스라엘을 말하고, 이스라엘 12지파 안에서 그 첫 열매는 레위지파를 말하고, 자녀 중 첫 열매는 장자를 말하고, 많은 성도들 중에 첫 열매는 공중잔치에 참여한 자들을 말한다. 첫 열매라는 뜻은 장자라는 뜻과 일치하는데 율법을 받기 전 이스라엘에서 장자는 먼저 태어난 자를 말하지 않고, 아버지에 의해 정해진 자를 말한다. 그러므로 곡식 중에 첫 열매도 첫 번째 수확한 것을 말하는 것이 아니라 제일 좋은 것을 말하는 말이다. 마찬가지로 성도들 중에 첫 열매란 맨 먼저 믿은 사람을 말하는 것이 아니라 많은 성도들 중에 이 땅에서 예수 믿고, 성령 받고 열심히 신앙 생활한 성도를 말한다. 그런 의미에서 본 절의 첫열매란 바로 공중 재림에 참여한 144.000명을 말하는 것이다. 그러므로 우리가 공중 재림에 참여하려면 셋째로 물과 성령으로 거듭나야 한다. 왜냐하면 물과 성령으로 거듭난 성도가 첫열매가 되기 때문이다.

관용어적으로 144.000명과 같이 공중 재림에 참여하려면 첫째로 144.000명과 같이 일부일처로 살아야 하고, 둘째로 말씀에 순복해야 하고, 셋째로 물과 성령으로 거듭나야 첫열매가 된다.

공중 재림에 참여하려면 (2)

계시록 14장 5절을 보면 "그 입에 거짓말이 없고 흠이 없는 자들이더이다"라고 되어 있는데 헬라어 원문에서는 본 절을 '그 입에 거짓말이 없고 흠이 없는 자들인데 왜냐하면 하나님의 보좌 앞에 있기 때문이다'라고 되어있다.

여기서 '거짓말이 없고'라는 말의 헬라어는 '우크(결코~않다) 유레데(휴리스코=갖다) 돌로스(미끼.계교)'라는 말로 이는 '결코 계교를 갖지 않는다'라는 말로 본 절의 거짓말은 우리가 말하는 하얀 거짓말이나 둘러대는 것을 말하는 것이 아니라 기만(사기)하기 위한 목적으로 하는 빨강 거짓말을 말한다. 이런 빨강 거짓말은 사단에 속한 거짓말이다. 계시록에서 거짓말은 거짓 진리를 전파하는 이단들의 말을 말하는데 그들의 말은 영혼을 기만하는 빨강 거짓말이다(계 21:8). 이 부분은 저의 책 계21:8절을 참고하라

'흠이 없는 자들이더이다'라는 말의 헬라어는 '아모모이(아모모스=결백한.나무랄데없는.잘못) 가르(왜냐하면) 에이신(이다) 에노피온(면전.앞) 투 드로누(보좌) 투 데우(하나님)'이라는 말로 그 뜻은 '144.000명은 나무랄데 없는 자들인데 왜냐하면 하나님의 보좌 앞에 있기 때문이다'하고 있는데 본 절에서 흠이 없었다는 말은 육체적으로나 윤리적으로 더럽지 않아 흠이 없는 것을 말한다. 이렇게 볼 때 이들의 삶은 육체적으로나 윤리적으로나 결격 사유가 없는 거의 퍼펙트한 삶을 살았다고 볼수 있다. 그런데 이들이 이렇게 나무랄 데 없이 산 이유는 하나님의 보좌 앞에 있는 것처럼 신앙 생활했기 때문이다. 이런 삶을 요즘 유행하는 말로 하면 '코람데오'의 삶이라 하는 것이다. 즉 면전의식을 가지고 살았기에 퍼펙트한 삶을 살 수 있었던 것이다. 그러므로 우리도 144.000명과 같이 면전의식을 가지고 신앙 생활 해야 한다.

관용어적으로 144.000명과 같이 공중 재림에 참여하려면 넷째로 빨강 거짓말을 하지 말아야 하고 다섯째로 육체적으로나 윤리적으로 흠이 없어야 한다.

영원한 복음이란

계시록 14장 6절을 보면 "또 보니 다른 천사가 공중에 날아가는데 땅에 거주하는 자들 곧 모든 민족과 종족과 방언과 백성에게 전할 영원한 복음을 가졌더라"하고 있는데 먼저 계시록 14장 6절~20절까지를 요약하면 이 부분은 7천사가 전한 메시지인데 이 7천사가 전한 메시지

이란 후 삼년반에 있을 7가지 사건을 말하는데 이들이 전한 메시지에 의해 후 삼년반에 7가지 사건이 일어난다. 첫째 사건이 6~7절로 첫째천사가 예루살렘이 지진으로 멸망할 것을 전하는 메시지를 전한 것을 말하고, 둘째사건은 8절로 둘째 천사가 바벨론 멸망에 대한 메시지를 전한 것을 말하고, 세번째사건은 9~12절로 셋째천사가 666표를 받은 자들에게 전한 메시지를 말하고, 넷째사건은 13~14절로 넷째천사가 역사적으로 믿음을 지키다 죽은 모든 성도들에게 전한 축복의 메시지를 말하고, 다섯째사건은 15~16절로 15절은 다섯째천사가 계13:15절을 통해 순교한 자들을 추수하는 추수의 메시지를 말하고, 여섯째사건은 17절로 여섯째천사는 예리한 낫을 가지고 추수하는 메시지를 말하고, 일곱째사건은 18~20절로 일곱째천사가 아마겟돈 전쟁을 통해 불신자들을 추수하는 불신자 추수의 매시지를 말한다.

"또 보니 다른 천사가 공중에 날아가는데"하고 있는데 계8:13절을 보면 독수리천사가 공중에 날아가면서 큰 소리로 땅에 거하는 자들에게 화가 있을 것이라 하며 화를 선포 했는데 본 절을 보면 그와 유사하다. 그러나 본 절의 천사는 독수리 생물천사가 아닌 종말의 메시지를 전하는 천사이다. 이 천사가 바로 첫번째 메시지를 전하는 첫번째 천사이다.

"땅에 거주하는 자들 곧 모든 민족과 종족과 방언과 백성에게"하고 있는데 여기서 땅에 거하는 자들과 모든 민족과 종족과 방언과 백성은 같은 사람들이다. 왜냐하면 오버랩기법인 '곧'이 나오기 때문이다. 이 말이 나오면 계시록에서는 앞에 있는 것을 뒤에서 다시 디테일(구체적)

하게 부연 설명한다. 그렇다면 땅에 거하는 자들은 누구를 말하는가?. 1절에서 이미 공중 재림이 임한 상태이기에 이들은 후 삼년반에 남겨진 자들로 성도들과 불신자들을 포함하는 말로 그들에게 7절을 통해 볼 때 회개의 메시지를 전하고 있는 것이다.

'영원한 복음을 가졌더라'하고 있는데 이 말의 헬라어는 '에콘타(가지고) 유앙겔리온(아퀴로오=취소하다) 아이오니온(아이오니오스=영원)'로 '영원한 복음을 가지다'라는 말인데 여기서 유앙겔리온이라는 말의 유례를 '취소하다.무효로 만들다'라는 뜻을 가진 '아퀴로오'로 해석하고 있다.

그래서 본 절은 두 가지로 해석할수 있다. 첫째로 유앙겔리온이다. 만약 이 영원한 복음을 유앙겔리온으로 해석을 하면 이 영원한 복음은 7절 한절만 이 천사가 전한것이 되지만 만약 이 천사가 전한 복음이 일곱천사 모두가 전한것을 대표하면(7천사가 전한 복음을 제목으로 표현한 것이라면) 이 영원한 복음은 심판의 복음인 최소하는 복음이 된다. 왜냐하면 다른 모든 천사들이 전한 복음이 심판의 복음이기 때문이다. 그러므로 이 천사가 전한 복음도 심판의 복음이 되어야 하는 것이다. 그러나 이 영원한 복음을 전한 천사가 전한 복음은 7절 한절로 끝난다. 즉 이 천사만 7절 영원한 복음을(유앙겔리온) 전했고, 나머지 천사들은 심판의 복음을 전했다는 것이다. 왜냐하면 첫번째 천사가 전한 메시지안에만 이 영원한 복음이라는 말이 나오기 때문이다. 이 첫번째 천사가 전한 메시지가 영원한 복음이 되는 이유는 하나님의 심판이 곧 있으니 회개하라는 것과 경배(영광)하라는 말이 들어가 있기 때문이다. 특별히 경배(영광)는 천국에 들어가서도 하는 것이기에 영원히 없어지지 않는 영원한 복음이 되기 때문 이다.

　두번째는 이 영원한 복음을 아퀴로오 "취소의 복음"로 해석하는 것이다. 왜냐하면 본 절의 유양겔리온이 아퀴로오(취소)에서 유례되었기 때문이다. 만약 영원한 복음을 아퀴로오로 해석하면 일곱천사 모두가 심판의 복음을 전했다는 말이 된다. 왜냐하면 구원을 취소하는 복음을 전했기 때문이다. 아퀴로오를 해석하면 다음과 같다.'아퀴로오'는 'a(부정 접두사)'와 '퀴로오(유효하게 하다)'의 합성어로'유효하지 못하다'라는 말로 이 말은 곧'취소하다,무효로 만들다'라는 뜻을 가지고 있다. 본래 복음이란 구원 받을 수 있는 기회가 있다는 것을 전하는 것인데 취소된 구원이란 구원 받을 수 있는 기회가 취소되었다는 말로 이는 심판을 말하는 것이다. 그러므로 본장에 나타난 일곱 가지 천사가 전한 메시지는 곧 취소된 복음인 심판의 복음을 전한 것이 되는 것이다. 복음을 사람이 전하게 되면 이는 구원의 복음으로 구원의 기회가 있다는 기쁨의 복음이지만 천사가 복음을 전하면 이는 심판의 복음이 되는 것이다. 왜냐하면 구약의 율법도 천사가 전했기에 심판을 말하는 것 같이 영원한 복음을 취소의 복음으로 해석하면 일곱천사가 전한 일곱메시지는 천사가 전했기에 심판의 복음이 되는 것이다(행 7:30 ; 히 2:2). 이렇게 볼 때 본절의 영원한 복음은 취소의 복음인 심판의 복음이 될수도 있는 것이다.

　관용어적으로 영원한 복음을 유양겔로온으로 해석하면 이 천사만 영원한 복음을 전한 천사가 되고, 나머지 여섯천사는 심판의 복음을 전한 것이 되고, 유양겔리온의 유례인 아퀴로오로 해석하면 일곱 천사 모두가 구원을 취소하는 심판의 복음을 전한 것이 된다.

첫 번째 천사가 전한 영원한 복음이란

계시록 14장 7절을 보면 "그가 큰 음성으로 이르되 하나님을 두려워하며 그에게 영광을 돌리라 이는 그의 심판의 시간이 이르렀음이니 하늘과 땅과 바다와 물들의 근원을 만드신 이를 경배하라 하더라" 하고 있다. 이는 본장 1절에서 이미 공중 재림이 이루어졌고 또한 본 절 7절에서 이미 예루살렘이 지진이 나서 적그리스도에게 속한 7천명이 죽은 후 이것을 보고 후 삼년반에 예루살렘에 남겨진 유대인들은 멘탈(두려움과 공허)에 빠지게 되는데 이때 두려움에 빠져 있는 유대인들에게 천사가 빨리 회개하고 하나님께 영광을 돌리라 한다. 그래서 남겨진 유대인들이 회개하고 돌아와 하나님께 영광을 돌린다(계 11:11~13). 어쩌면 본 절은 두 증인이 죽기 전에 영원한 복음을 전하는 첫 번째 천사의 지시를 받고 본 절을 전했을 지도 모른다. 그리고 3일이 지난 후 예루살렘이 지진으로 멸망하고, 7천명이 죽은 후 두증인 3일전에 한 말이 생각나 지금 이들이 하나님을 경배하고 있는 것일지도 모른다. 아무튼 본 절은 시간표상 계11:13절의 시점인 것은 확실하다.

여기서 '그가 큰 음성으로'라는 말은 6절의 첫 번째 천사로 영원한 복음을 전하는 천사를 말한다. 또한 '하나님을 두려워하며 그에게 영광을 돌리라'는 말은 6절의 영원한 복음의 내용이다. 즉 영원한 복음이란 하나님을 두려워하는 것이며 그에게 영광을 돌리라는 것이다. 여기서 하나님을 두려워하라는 말은 하반절의 심판의 시간인 예루살렘이 지진으로 멸망한 것을 말한다. 이 멸망을 보고 후 삼년반에 남겨진 유대인들은 멘탈(두려움)에 빠지게 되는데 이때 천사가 빨리 하나님께 영광을 돌리라는 복음의 메시지를 전하게 된다. 이때 남겨진 유대인들은 이 영원한 복음을 듣고 회개하고 돌아와 하나님께 영광을 돌린다(이들이 후 삼년반 순교를 하게 된다). 이는 계시록 11장 13절을 염두해 두고 한 말이다. 이때는 예루살렘이 첫 번째 짐승에게 정복 당한지 3일 밖에 되지 않은 시점이다. 이는 계시록 11장 12절 관용어를 반드시 참고하라!

'그의 심판의 시간이 이르렀음이니'하고 있는데 이 말의 헬라어는 '호티(왜냐하면) 엘덴(엘코마이=오다) 헤 호라(시간) 테스 크리세오스(심판) 아우투(3인칭 대명사)'로 이는 '왜냐하면 그의 심판의 시간이 이미 왔기 때문이다'라는 뜻인데 여기서 '엘덴'은 '가다.오다'라는 뜻을 가진 '엘코마이'의 부정과거 시제로 이미 왔음을 의미한다. 그러므로 이 시점은 계11:13절의 예루살렘이 지진으로 멸망한 시점이다. 여기서 심판의 시간이 이미 왔다는 말은 예루살렘이 지진으로 멸망해서 칠천명이 죽은 것을 말한다.

"하늘과 땅과 바다와 물들의 근원을 만드신 이를 경배하라 하더라"하고 있는데 여기서 하늘과 땅과 바다와 물들의 근원을 만드신이란 천지를 창조하신 하나님을 말하는 관용어이다. 그리고 경배하라는 말은 전반절의 영광을 돌리라는 말이다.

관용어적으로 본 절은 계시록 11장 13절 예루살렘이 지진으로 멸망해 7천명이 죽었을 때 남겨진 유대인들이 하나님께 영광을 돌린 이유가 본 절의 영원한 복음을 전한 천사가 회개하고 하나님께 영광을 돌리라 했기 때문이었다.

바벨론 멸망

계시록 14장 8절을 보면 "또 다른 천사 곧 둘째가 그 뒤를 따라 말하되 무너졌도다 무너졌도다 큰 성 바벨론이여 모든 나라에게 그의 음행으로 말미암아 진노의 포도주를 먹이던 자로다 하더라"하고 있는데 많은 분들은 바벨론 멸망이 7대접 재앙 후인 계17~18장에서 무너진 것으로 아는데 본 절을 보면 후 삼년반인 예루살렘이 지진으로 7천명이 죽고 666표를 받기전에 무너진 것으로 나온다. 왜냐하면 후 삼년반의 시간표인 본장을 보면 바벨론멸망은 7절 예루살렘이 지진으로 7천명이 죽고, 9절 짐승이 666표를 받으라고 강요하기 전인 8절에서 멸망했기 때문이다.

"또 다른 천사 곧 둘째가 그 뒤를 따라 말하되"하고 있는데 여기서 또 다른 천사는 두번째 천사가 전한 메시지를 말한다.

'무너졌도다 무너졌도다 큰 성 바벨론이여'라는 말의 헬라어는 '에페센 에페센(핍토=넘어지다) 바뷜론(바벨론) 호 폴리스(도시) 호 메갈레(큰)'로 이는 '큰 도시 바벨론이 무저녔다 무너졌도다'라는 말로 여기서 '에페센'은 '넘어지다'라는 뜻을 가진 '핍토'의 부정과거형으로 이는 과거에 이미 무너진 상태를 의미한다. 바벨론은 본 절에서 멸망했고, 이 바벨론 멸망을 디테일하게(구체적) 해석한 것이 계17~18장의 바벨론 멸망이다. 바벨론 두차례 걸쳐 멸망하게 되는데 1차 바벨론 멸망은 본 절에서 멸망하고, 2차는 계시록 16장 18~19절 대 지각 변동때 멸망을 하게 되는데 바벨론 멸망을 계9:17절에서는 3차 세계 대전이라 한다. 왜냐하면 바벨론이 멸망하자마자 세계3차 세계 대전이 일어나기에 바벨론 멸망과 3차 세계 대전을 성경에서는 바벨론 멸망이라고도 하고 3차 세계 대전이라고도 한다. 그래서 중동을 세계의 화약고 또는 뇌관이라 하는 것이다. 왜냐하면 바벨론 멸망과 동시에 세계3차 대전이 일어나기 때문이다. 이 부분은 저의 핵 계9:17절을 반드시 참고해야 한다. 그렇다면 바벨론 멸망이란 무엇을 말하는가? 바벨론은 이라크를 말하는데 더 정확하게 말하면 이슬람 시아파 종교의 멸망을 말한다.

"그의 음행으로 말미암아 진노의 포도주를 먹이던 자로다 하더라"라는 말의 헬라어는 '투 오이누(포도주) 투 뒤무테스(뒤모스=진노.격노) 테스 폴네이아스(음행)'는 병렬로 된 두 개의 문장으로 그 뜻은 '음행의 포도주와 진노의 포도주를 먹이던자로다'라는 뜻으로 여기서 "음행의 포도주를 먹이든 자"라는 말은 바벨론이 전 세계 사람들에게 음행을 전파(전염)시켰다는 말이고, "진노의 포도주를 먹이던자"라는 말은 바벨론이 전 세계 사람들에게 하나님이 진노할 만한 것을 전 세계에 전파했기 때문이라는 것이다(렘 51:7~8). 그래서 바벨론이 멸망을 받게 되었다는 말이다. 여기서 바벨론의 음행이란 이슬람의 결혼제도를 말하고, 격노할 말한 일은 이슬람 종교를 말한다. 사실 이슬람의 결혼 제도는 성폭행과 다름없는 음행이고, 이슬람 종교는 평화를 외치지만 그 잔인성은 무고한 시민들을 수도없이 죽이는 테러분자들을 통해 익히 잘 알고 있다. 이런 이슬람 종교는 하나님을 격노시키기에 충분하다. 여기서 "포도주"는 먹는 것을 말하기에 다른 사람에게 포도주를 먹게 하는 것은 전염 또는 전파를 말하고, 진노의 포도주란 하나님이 진노 할만 것을 전파했다는 말이다.

예레미야서 50장 28~29절을 보면 바벨론 멸망의 원인이 나오는데 그것은 이스라엘을 점령하고, 성전을 파괴하고, 교만했기 때문인데 그들의 교만이란 하나님을 약소국의 신인 패배의 신으로 신성모독 했기 때문에 하나님께서 보복해서 멸망 했다는 것이다. 역시 종말에 바벨론이 멸망당하게 되는 원인도 똑 같이 이스라엘을 점령하고, 하나님을 신성 모독했기 때문이라는 것이다(계 13:1.5).

관용어적으로 바벨론 멸망은 일곱 대접 재앙 다음인 계17~18장에서 멸망한 것이 아니라 예루살렘 정복한 지진이 난 후에 멸망한 것이다.

세 번째 천사가 전한 메시지

계시록 14장 9절을 보면 "또 다른 천사 곧 셋째가 그 뒤를 따라 큰 음성으로 이르되 만일 누구든지 짐승과 그의 우상에게 경배하고 이마에 나 손에 표를 받으면"하고 있는데 8절까지를 보면 시제가 부정과거 시 제로(과거에 한번 이루어진 것을 말한다) 예루살렘 지진으로 7천명이 이미 죽었다고 말했고, 또한 바벨론도 이미 멸망했다고 말했다. 그런데 본 절 부터는 시제가 미래시제로 되어있다. 이는 계14장의 시점을 말해 주는 것으로 이때는 공중 재림이 이루어진 후 시온산인 공중혼인잔치에 144.000명이 참석한 상태에서 바벨론 멸망과 세계전쟁이 끝난 직후 짐 승이 자기 정체를 나타내는 시점이라는 뜻이다.

"또 다른 천사 곧 셋째가 그 뒤를 따라 큰 음성으로 이르되"하고 있는데 이 '다른 천사'는 세 번째천사를 말하는데 그가 전한 메시지가 9~12절까지 이어진다. 그 세 번째천사가 전한 메시지는 미래에 있을 일로 우상 숭배와 666 표를 앞으로 받게 되면 새들의 잔치에 참여한 후 지옥불에 던져지게 될 것이라는 내용이다.

"만일 누구든지"의 헬라어는 "에이 티스"로 여기서 '티스'는 전접 부 정어가 아닌 가정법 '만약 ~이라면, 만약 누가~한다면'으로 되어있다.

"짐승과 그의 우상에게 경배하고 이마에나 손에 표를 받으면"이라는 말은 계시록 13장 15~18절을 말하는 것으로 계시록 13장 15~18절을 참고하기 바란다. 여기서 경배(프로스퀴네오)는 7절 영광 돌리는 것을 하는데 본 절에서는 우상에게 영광 돌리는 것을 말한다.

관용어적으로 세 번째 천사가 전한 메시지는 666표를 받을 자들이 받을 저주를 전한다.

진노의 잔이란

계시록 14장 10절을 보면 "그도 하나님의 진노의 포도주를 마시리니 그 진노의 잔에 섞인 것이 없이 부은 포도주라 거룩한 천사들 앞과 어린 양 앞에서 불과 유황으로 고난을 받으리니"하고 있고, 렘25:15절을 보면 "이스라엘의 하나님 여호와께서 이같이 내게 이르시되 너는 내 손에서 이 진노의 술잔을 받아가지고 내가 너를 보내는 바 그 모든 나라로 하여금 마시게 하라"하며 예레미야 선지자는 남 유다 백성에게 바벨론왕 느부갓네살을 통하여 남 유다를 멸망시키게 하겠다고 말씀하고 있는데, 이런 멸망을 성경에서는 하나님의 진노의 잔을 마신 것이라 한다.

잔은 물과 같은 액체를 비롯한 여러 물질을 담는 그릇이다. 잔이 성경에서는 크게 두 가지의 상징적인 의미로 사용된다. 긍정적인 의미에서는 '하나님의 축복을 소득으로 담는 그릇으로서의 잔'(시 16:5 ; 23:5), '구원의 잔'(시 116:13), 또는 '위로의 잔'(렘 16:7)등이며, 부정적인 의미로서는 '분노의 잔'(사 51:17), '진노의 잔'(렘 25:15) '비틀 걸음 치게 하는 잔'(사 51:22) 등이다.

잔의 역할은 내용물을 담는 그릇으로, 마시는 것은 잔속에 담겨져 있는 것을 먹는 것을 말하는 것으로 악인의 잔에는 악한 죄악이 잔에 담겨져 있을 것임으로 그 잔을 먹는 것은 곧 저주나, 질병이나, 심판이나, 멸망을 말하는 것이고, 의인의 잔에는 그 내용물이 하나님의 축복이나 구원이 담겨져 있음으로 의인이 그 잔을 먹는 다는 것은 곧 축복을 받고, 구원과 도움을 받게 된다는 말이다.

진노의 잔을 마시게 한다는 말의 유래는 범죄 혐의가 있는 사람에게 독한 음료를 마시게 하여 만일 죄가 없으면 살고 죄가 있으면 그 독한 음료가 치명적인 독으로 작용하여 죽게 한다는 관습에서 유례가 되었다(민 5:18~19).

관용어적으로 잔은 액체나 내용물을 담는 그릇을 말하며 그것을 마신다는 말은 축복 또는 멸망이나 심판 받는 것을 말한다.

666표를 받는 자들이 받는 저주

계시록 14장 10절을 보면 "그도 하나님의 진노의 포도주를 마시리니 그 진노의 잔에 섞인 것이 없이 부은 포도주라 거룩한 천사들 앞과 어린 양 앞에서 불과 유황으로 고난을 받으리니"하고 있는데 여기서 "그도"라는 말은 9절의 우상과 666를 받게 될 자들을 말한다.

한편 본 절에서 '진노'로 번역된 헬라어들은 비록 한글 개정 성경에서는 동일하게 번역되었으나 서로 다른 두 개의 단어이다. 처음 '진노'에 해당하는 헬라어 '뒤무'는 뒤에 나오는 '진노'의 헬라어 '올게스'보다 감정적으로 격한 것을 나타내며 '올게스'는 감정적으로 안정된 상태에서 나타나는 분노를 나타낸다. 대개 하나님의 진노를 표현하는 단어는 신약에서 이 후자이며 '뒤무'는 본 절과 롬2:8절에서만 나온다. 그런데 이런'진노'에 대해 다른 두 단어가 본 절에서 동시에 사용된 것은 하나님의 진노가 분명한 사실로 엄중하고 공의로움을 시사하고 있는 것이다.

'하나님의 진노의 포도주를 마시리니'하고 있는데 이 진노의 포도주는 본 절 하반절의 불과 유황의 고난을 의미하는 말로 곧 지옥 불을 말한다(계19:20 ; 계20:10 ; 계21:8). 그러므로 혹자의 주장처럼 육체는 구원받지 못하고 영혼이 육체가 되어 구원 받기에 666표를 받아도 육체에 아무 영향을 미치지 않는 다는 말은 기만인 것이다. 왜냐하면 본 절을 보면 육체에 666표를 받게 되면 반드시 지옥불에 들어간다고 하고 있기 때문이다.

'진노의 잔에 섞인 것이 없이 부은 포도주라'라는 말은 물에 희석된 포도주가 아닌 희석되지 않은 원액(엑기스)의 포도주인 심판을 받게 되는데 그 원액이 바로 불과 유황불인 지옥 불이라는 것이다.

관용어적으로 666표를 받으면 심판을 받게 되는데 그 심판은 원액이 불과 유황이 있는 지옥불에 들어가는 심판이라는 말이다.

666표를 받으면 영원한 고난과 형벌을 받게 된다.

계시록 14장 11절을 보면 "그 고난의 연기가 세세토록 올라가리로다 짐승과 그의 우상에게 경배하고 그의 이름 표를 받는 자는 누구든지 밤낮 쉼을 얻지 못하리라 하더라" 하고 있는데 여기서 '그 고난의 연기가 세세토록 올라가리로다' 라는 말은 영원한 고난과 형벌에 대한 관용어이다.

"짐승과 그의 우상에게 경배하고 그의 이름 표를 받는 자는" 하고 있는데 이 말은 저의 책 계시록 13장 15~18절을 참고하기 바란다.

"누구든지" 라는 말의 헬라어는 "에이 티스"로 여기서 '티스'는 전접 부정어가 아닌 가정법 '만약 ~이라면, 만약 누가~한다면' 으로 되어있다. 즉 미래형으로 되어있다. 그러므로 이 일은 미래에 있어질 일이라는 것이다. 왜냐하면 아직 일곱대접 재앙도 시작되지 않았기 때문이다.

"쉼을 얻지 못하리라 하더라" 하고 있는데 천국이 쉼이 있는 곳이라면 지옥은 이렇게 불과 유황이 있는 곳으로 쉼이 없이 고난과 형벌만 있는 곳이다.

관용어적으로 짐승과 그의 우상에게 경배하고 표를 받은 자들은 쉼이 없는 지옥불에서 영원한 고난과 형벌을 받게 된다는 말이다.

성도들의 인내가 여기 있으니

계시록 14장 12절을 보면 "성도들의 인내가 여기 있나니 그들은 하나님의 계명과 예수에 대한 믿음을 지키는 자니라"하며 '성도들의 인내가 여기 있나니'하고 있는데 여기서 성도들이라는 말의 헬라어는 '하기온'으로 이는 '거룩한'으로 되어 있는데 이는 성령을 '프뉴마 하기온'이라 할때 '하기온'과 같은 단어이다. 그런데 후 삼년반에 남겨진 성도들에게 하기온을 쓰는 이유는 그들이 성령을 받아서 하기온을 쓰는 것이 아니라 후 삼년반에 남겨졌지만 다른 사람들은 다 우상 숭배 할 때 우상 숭배 하지 않고 구별된 생활을 하기 때문에 하기온을 쓴것이다.

여기서 성도들이란 생명책에는 기록되었지만 물과 성령으로 거듭나지 못하고 물로(예수 믿어)만 거듭나서 공중 재림에 참여하지 못해 후 삼년반에 남겨진 성도들을 말한다. 그래서 하반절에 이 성도들을 향하여 '예수에 대한 믿음을 지킨 자들'이니라 하며 믿음만 지켰지 성령 받은 자들이라 하지 않고 있는 것이다. 초대교회에서 인침은 침례(물.예수)와 성령 받은 것을 말했고, 또한 예수님을 영접하는 방법을 침례로 말하기도 하였다(벧전 3:21 ; 행 8:36).

"계명과 예수에 대한 믿음을 지키는 자니라"하고 있는데 여기서 인내로 계명을 '지킨 자들'이라 하면 순교를 말하는 말이지만 그러나 본문을 보면 완료가 아닌 진행을 말하는 '지키는 자니라'하고 있다. 이는 후 삼년반에 남겨진 성도들이 말씀과 예수 믿는 믿음을 지키기 위해 순교를 불사하고 있다는 뜻이다. 즉 이는 순교를 한 것이 아니라 순교적 각오를 가지고 짐승으로부터 믿음을 지켜 나가고 있는 중이라는 뜻이다.

그래서 본 절의 '지키는 자니라'라는 말의 헬라어도 '테룬테스(진지를 방어함)'로 이는 분사형태의 단어로 지속성을 의미하고 있는 것이다. 즉 이는 지금 현재 진지를 지키고 있는 중이란 말이다. 즉 남겨진 성도들이 계13:15절을 보면 둘째 짐승이 첫째 짐승의 우상을 만들어 놓고 지키라 할 때 순교를 각오하고 우상 숭배를 하지 않고 믿음을 지키고 있는 중이라는 말이다. 여기서 '예수에 대한 믿음'이라는 말에 해당하는 헬라어 '텐 피스틴 이예수'는 '예수 그 믿음'이라는 말로 이는 예수에 대한 믿음이라는 말로 이들 스스로 말씀과 예수이름을 붙잡고 예수님께 대한 믿음을 지켰다는 말이다.

관용어적으로 성도들의 인내가 여기 있다는 말은 순교적 각오로 믿음을 지키고 있다는 말이다.

지금 이후로 죽은 자들이 복이 있도다

계시록 14장 13절을 보면 "또 내가 들으니 하늘에서 음성이 나서 이르되 기록하라 지금 이후로 주 안에서 죽는 자들은 복이 있도다 하시매 성령이 이르시되 그러하다 그들이 수고를 그치고 쉬리니 이는 그들의 행한 일이 따름이라 하시더라"하며 "또 내가 들으니 하늘에서 음성이 나서 이르되 기록하라"하고 있는데 여기서 하늘에서 난 음성은 본장 2절과 7절로 볼 때 주님의 음성이 아닌 네번째 천사의 메시지를 말한다. 왜냐하면 이 음성이 주님의 음성이라면 14절에 바로 주님의 모습이 등장할수 없기 때문이다.

"기록하라(그랍호)"하며 네 번째 천사가 지금 요한에게 기록하라 하고 있는데 이렇게 기록하라는 것은 반드시 이루어질 아주 중요한 내용이기 때문에 기록하라한 것이다.

"지금 이후로 주 안에서 죽는 자들은 복이 있도다"하며 네 번째 천사가 전한 메시지의 내용이 소개되고 있는데 그것은 지금 이후로 주안에서 죽은 자들이 복되다는 메시지이다. 그런데 이 말씀은 네 번째 천사가 삽경(요한때로 오버랩함)으로 한말인데 이시기가 언제냐 해서 의견이 분분하다. 혹자는 지금 이후로가 종말의 대환난기 때 부터라 하고, 또 다른 혹자는 기독교의 시초부터라 하고 다른 혹자는 요한이후라 하는데 이 말의 헬라어는 '호이 엔(안에) 퀴리오(주) 아포드네스콘테스(죽다) 아팔티(지금부터.이제부터)'로 그 뜻은 '이제부터 주안에서 죽은자'라는 말로 여기서'아팔티'는 지금 현재를 의미하는 말로 이는 요한이 계시록을 쓰는 지금 부터라는 말이다. 그러나 이 말은 예수님이 오신 후로 보는 것이 더 타당할 것 같다. 왜냐하면 예수님 이후 물과 성령으로 거듭난 성도들이(순교자들 포함) 주님이 공중 재림 하실 때 공중 재림에 참여하기 때문이다. 그러므로 "이후"라는 말은 기독교 시초를 의미 하는 예수님 이후를 말하는 것이다.

"성령이 이르시되 그러하다 그들이 수고를 그치고 쉬리니"하고 있는데 이는 본 절 전반절에 네 번째천사가 전한 메시지 내용에 성령께서 이 천사의 말이 틀림없는 사실이라고 보증하고 있는 것이다. 성령이 이렇게 인정하며 보증한 이유는 믿음을 지킨자들에게 공중 재림에 참여하는 복을 주시기 때문이다.

그런데 여기서 복이 있다는 말이 공중 재림을 의미하는 이유는 "수고를 그치고 쉬기 때문이라"는 말때문이다. 왜냐하면 '수고를 그치고 쉬리니'라는 말의 헬라어는 '히나(~~하려는) 아나파우손타이(아나파우오=휴식하다.안식하다) 에크(밖으로.에서) 톤 코폰(코포스=고통,수고) 아우톤(3인칭 대명사)'로 이는 '그들이 당하는 고통 밖에서 휴식하게 하려는'이라는 뜻으로 이는 본 절 '아나파우손타이'가 계6:11절 '잠시 동안 쉬되'라는 말인 공중 재림을 의미하는 말과 동일한 용어로 쓰이고 있기 때문이다. 공중 재림은 잠시 쉬는 곳이다. 그래서 계6:11절에 공중 재림을 "잠시동안 쉬는 (아나파우손타이)곳으로" 말하고 있는데 그런데 본 절에서 "쉬리니"라는 말을 똑같이 '아나파우손타이'라 말하고 있다. 그러므로 '쉬리니'라는 말은 곧 공중 재림에서 쉬는 것을 말하는 말이다.

'이는 그들의 행한 일이 따름이라 하시더라'하고 있는데 여기서 행한 '일'인 '엘가(행위.일.노역)'는 핍박에 대한 본장 12절인 '인내와 하나님의 계명에 대한 순종과 예수께 대한 믿음'을 지킨 것을 가리킨다. 이렇게 공중 재림에 참여하기 위해서는 인내해야 하고, 하나님의 계명인 말씀에 순종해야 하고, 예수님께 대한 믿음을 지켜야 하는 것이다.

관용어적으로 본 절은 네 번째 천사가 전한 메시지로 12절의 인내와 하나님의 계명을 지키고 또한 예수님에 대한 믿음을 지킨 자들은 반드시 공중 재림에 참여하게 해 주신다는 말이다.

낫을 가지시고 추수 하시는 주님

계시록 14장 14절을 보면 "또 내가 보니 흰 구름이 있고 구름 위에 인자와 같은 이가 앉으셨는데 그 머리에는 금 면류관이 있고 그 손에는 예리한 낫을 가졌더라"하고 있는데 구름 위에 앉아 있는 '사람의 아들과 같은 이'에 대해서 혹자는 천사를 가리킨다고 주장하나 이는 공중 재림 하신 주님을 가리킨다.

"내가 보니"하고 있는데 이 말은 환상 전환 관용구인데 이렇게 주님의 나타나심을 볼 때 이후의 말씀이 어떻게 진행될지 충분히 예상할 수 있는데 그것은 계시록 14장 14~20절 말씀이 추수에 대한 메시지로 진행 될 것이라는 뜻이다. 첫 번째 추수 대상은 14~16절로 이는 예수님이 성도들을 순교로 늦은 비 추수를 하게 된다는 말이고, 두 번째 추수의 대상은 17~20절로 이는 천사의 추수로 천사의 손을 빌려 아마겟돈 전쟁을 통해 적그리스도에게 속한 자들을 추수한다는 말이다.

"흰 구름이 있고"하고 있는데 구름은 관용어적으로 신의 옷이며 거룩한 임재를 의미하는데 본 절은 공중 재림 하신 주님을 의미한다.

1절을 보면 주님이 시온산에 있다고 했는데 본 절에서는 구름위에 있다고 하고 있다. 이는 주님이 구름타고 오신다는 약속을 지킨 것으로 구름위에 재림하신 것을 말한다. 이를 다른 말로 우주적 재림이라 한다. 이렇게 주님이 구름위에 재림하셨다고 함으로 1절의 시온산이 그냥 시온산이 아닌 구름위라는 것을 알 수 있는 것이다.

 "인자와 같은 이가 앉으셨는데"하고 있는데 이렇게 구름위에 계신 분을 1절에서는 '어린양'이라 했는데 본 절에서는 인자 같은이라 하며 예수님이라 하고 있다. 여기서 인자라는 말은 예수님의 인성을 가리키는 또 다른 닉네임이다.

 "그 머리에는 금 면류관이 있고"하고 있는데 금면류관은 '통치와 승리의 왕관'에 대한 관용어이기에 이는 예수님이 공중 재림 하셔서 세상을 통치하시는 것을 말한다.

 "그 손에는 예리한 낫을 가졌더라"하며 공중 재림 하신 예수님의 손에 낫을 가지고 있다고 하는데 낫과 칼은 사람을 죽이는 도구로 낫을 가지고 추수한다는 것은 곧 후 삼년반 믿는 자들을 추수 할때 순교를 통한 추수 한다는 말이다. 이는 계시록 13장 15절을 보면 "그가 권세를 받아 그 짐승의 우상에게 생기를 주어 그 짐승의 우상으로 말하게 하고 또 짐승의 우상에게 경배하지 아니하는 자는 몇이든지 다 죽이게 하더라"하고 있는데 지금 이때를 말하고 있는 것이다. 이때 남겨진 많은 성도들이 순교를 당하게 되는데 후에 이들이 첫째부활에 참여하게 된다.

 관용어적으로 낫을 가지고 추수 하신다는 말은 순교로 추수 하신다는 말이다.

다섯째천사가 주님께 하나님의 메시지인 추수하라는 메시지를 전한다.

계시록 14장 15절을 보면 "또 다른 천사가 성전으로부터 나와 구름 위에 앉은 이를 향하여 큰 음성으로 외쳐 이르되 당신의 낫을 휘둘러 거두소서 땅의 곡식이 다 익어 거둘 때가 이르렀음이니이다 하니"하고 있는데 여기서 "또 다른 천사가"는 다섯번째 천사로 본 절은 다섯 번째 천사가 전한 메시지로 추수때가 되었음을 알리고 있다.

"성전으로부터 나와"하고 있는데 새 하늘과 새 땅에는 성전이 없고 성전이 하나님 자체이기에 성전에서 천사가 나온 것은 하나님으로부터 미션 받고 나왔다는 말이다(계 21:22).

"구름 위에 앉은"하며 구름위에 예수님이 앉았다고 하는데 이곳은 공중혼인 잔치 자리인데 1절에서는 시온산인이라 하고 있다. 그러므로 1절의 시온산은 시온산이 아닌 공중 혼인 잔치 자리인 것이다.

"당신의 낫을 휘둘러"하고 있는데 이 천사가 성전 되신 하나님으로부터 나와서 예수님께 하나님의 메시지를 전하고 있는데 그것은 낫을 휘둘러 추수하라는 내용이었다. 이렇게 천사가 예수님께 하나님의 메시지를 전하고 있는 것으로 보아 예수님은 지금 공중혼인 잔치에 있는 것이다. 그렇지 않으면 하나님께서 예수님께 천사를 보내 메시지를 전할 필요가 없기 때문이다.

"낫을 휘둘러 거두소서"하고 있는데 여기서 낫은 곡식을 추수하는 도구이고, 낫을 휘두르면 사람이든 곡식이든 다 죽게 되어있다. 그러므로 휘두르는 것은 곧 죽음을 말한다. 이렇게 낫을 예수님이 휘두르는 것은 성도들의 순교를 말하고(본 절), 만약 천사가 낫을 휘두르면 이는 불신자들을 아마겟돈 전쟁으로 심판하는 것을 말한다(17절).

"거두소서"와 "이르렀음이니이다"하며 천사가 극존칭을 쓰고 있는데 이렇게 천사가 극존칭을 쓰는 것으로 보아 구름위에 계신 분은 예수님이신 것이다. 이를 14절에서는 인자라 말하고 있다.

"땅의 곡식이 다 익어 거둘때가 이르렀다"하고 있는데 이 말의 헬라어는 '호티(왜냐하면) 엑세란데(크세라이노=시들어가다) 호 데리스모스(곡물,수확,추수) 테스 게스(땅)'로 이는 '왜냐하면 땅의 곡물이 시들어가고 있다'라는 말로 여기서 '땅은' 후 삼년반에 남겨진 모든 사람들을 말하고, '곡식'은 유익한 열매로 남겨진 사람들 중 남겨진 성도들을 말하고, "다 익었다"는 말의 '엑세란데'는 '시들어가다.건조하다'의 '크세라이노'의 부정과거 수동태로 '너무 익어 말라버렸다'는 뜻으로 이 상태는 그냥 익은 상태가 아니라 추수 때가 이미 지나 조금만 더 지나면 소출이 줄어드는 상황이란 뜻이다. 그러므로 이 말속에는 두 가지 뜻이 들어 있다. 첫째는 이미 적당히 익었을 때 수확을 한번 했다는 뜻으로 공중 재림이 이미 임했었다는 말이고(본장 1~4절), 둘째는 그때는 조금 덜 익어 수확하지 못했던 남겨진 성도들이 후 삼년반을 통과하며 신앙이 성숙해 이젠 수확을 해도 된다는 말로 순교자들을 말하는데 순교자들은 너무 익은 열매이다.

관용어적으로 다섯째천사가 공중에 계신 주님께 하나님의 메시지인 추수하라는 메시지를 전한다.

주님이 땅을 휘둘러 땅의 곡식을 추수함

계시록 14장 16절을 보면 "구름 위에 앉으신 이가 낫을 땅에 휘두르매 땅의 곡식이 거두어지니라"하고 있는데 여기서 '구름위에 앉으신 이'는 예수님이 공중 재림하신 장소로 1절에서는 시온산이라 하고있다.

"낫을 땅에 휘두르매"하고 있는데 이는 믿는 자들을 순교로 추수하고 있다는 말로 계13:15절을 통해 추수하는 장면이다. 계시록 13장 15절을 보면 '그가 권세를 받아 그 짐승의 우상에게 생기를 주어 그 짐승의 우상으로 말하게 하고 또 짐승의 우상에게 경배하지 아니하는 자는 몇이든지 다 죽이게 하더라'하며 우상 숭배하지 않으면 짐승이 다 죽이는데 이때 성도들이 많이 순교하게 되는데 그런데 이것이 성도들을 추수하는 장면인 것이다.

"땅의 곡식을 거두어지니라"하고 있는데 이 말의 헬라어는 '에피(위) 덴 겐(땅) 카이 에데리스데(데리조=수확하다) 호 게(땅)'로 이는 '땅 위에 것과 그 땅을 수확하다'라는 말로 땅 위에 있는 것을 수확한다는 것은 곧 땅에 있는 곡식을 수확한다는 말인 것이다. 그래서 땅의 곡식이라 해석하고 있는 것이다. 그런데 이렇게 '땅의 곡식'은 후 삼년반에 남겨진 성도들을 말하는 말이고, '거두었다'는 말은 수확했다는 말로 결국 짐승에게 죽어 순교했다는 말이다. 그런가 하면 "땅의 포도(사 5:2)"라 하면 남겨진 불신자들을 지옥불에 던지기 위한 추수를 말한다.

계시록 17장 16절을 보면 "네가 본 바 이 열 뿔과 짐승은 음녀를 미워하여 망하게 하고 벌거벗게 하고 그의 살을 먹고 불로 아주 사르리라" 하며 두 짐승에 의해 음녀가 죽었다고 하는데, 계18:8절을 보면 "그러므로 하루 동안에 그 재앙들이 이르리니 곧 사망과 애통함과 흉년이라 그가 또한 불에 살라지리니 그를 심판하시는 주 하나님은 강하신 자이심이라" 하며 하나님의 심판에 의해 음녀가 죽었다고 나온다. 분명히 두 짐승에 의해 음녀가 죽었는데 계18:8절은 하나님의 심판에 의해 죽었다고 하고 있는 것이다. 이와 같이 본 절도 후 삼년반에 남겨진 성도들을 주님이 직접 추수하는 것으로 나오지만 실제로는 두 짐승을 통해 추수하고 있는 것이다. 그런데 이렇게 두 짐승에의 추수한다는 말은 바로 순교로 추수한다는 뜻이다.

관용어적으로 구름위에 계신 주님이 땅을 휘둘러 땅의 곡식을 추수한다는 말은 두 짐승을 통해 순교로 추수한다는 말이다.

우상과 666표 받은 자를 추수하는 천사의 추수

계시록 14장 17절을 보면 "또 다른 천사가 하늘에 있는 성전에서 나오는데 역시 예리한 낫을 가졌더라"하고 있는데 여기서 "또 다른 천사"는 여섯번째 천사로 15절과 같이 하나님의 성전으로부터 나온 천사인데 본 절은 여섯 번째 천사가 가지고온 메시지를 말한다. 그런데 이 천사가 가지고온 메시지는 우상과 표를 받은 자들은 아마겟돈 전쟁으로 심판하겠다는 메시지이다.

"성전에서 나오는데"성전이 하나님이시기에 이렇게 성전에서 나왔다는 말은 이 천사가 하나님께로부터 나왔다는 말로 이는 하나님의 미션을 받고 나왔다는 말이다.

"예리한 낫을 가졌더라"하고 있는데 이렇게 천사가 예리한 낫을 가지고 성전에서 나왔다는 말은 천사를 통해 아마겟돈 전쟁으로 추수한다는 말로 이는 불신자를 추수하는 것을 말한다. 예수님이 낫을 가지고 추수를 하면 이는 믿는 자들의 추수를 말하지만 천사가 낫을 가지고 추수하면 이는 우상 숭배하고 666표를 받은 자들을 아마겟돈 전쟁으로 심판하는 것을 말이다.

관용어적으로 천사가 낫을 가지고 추수하는 것은 우상과 666표 받은 자들을 아마겟돈으로 심판하는 추수를 말한다.

일곱 번째 천사가 전한 메시지

계시록 14장 18절을 보면"또 불을 다스리는 다른 천사가 제단으로

부터 나와 예리한 낫 가진 자를 향하여 큰 음성으로 불러 이르되 네 예리한 낫을 휘둘러 땅의 포도송이를 거두라 그 포도가 익었느니라 하더라"하고 있는데 여기서 '불을 다스리는' 천사는 유대 전승에 의하면 우리엘 천사를 말함으로 "다른 천사"는 곧 일곱 번째천사인 우리엘 천사를 말한다. 본 절은 일곱 번째천사가 전한 메시지인데 그 내용은 아마겟돈으로 불신자들을 추수한다는 메시지이다. 혹자들은 포도를 거두어 수확하는 것을 최후의 심판으로 해석하는데 이는 아마겟돈 전쟁을 말한다. 왜냐하면 본장 20절 때문이다.

'제단으로부터 나와'라는 말의 헬라어는 '엑셀코마이(나와) 에크(밖으로) 투 뒤시아스테리온(번제단)'로 이는 '번제단 밖으로 나와'라는 말로 여기서 제단은 향단이 아닌 뒤시아스테리온이라 해서 번제단을 말한다. 이 제단은 계시록에서 언제나 순교자들의 기도 장소에 대한 관용어로 쓰이고 있는데 이명으로는 유리바닷가라고도 한다(계6:9,계8:3~5). 그러므로 아마겟돈 전쟁도 성도들의 기도응답의 결과라는 것이다. 그런데 여기서 불을 다스리는 천사가 제단으로부터 나왔다고 하는데 이 제단은 번제단으로 이 천사는 번제단에 있는 불을 가지고 나온 것이다. 성경에서 '불'은 언제나 심판에 대한 집행을 말하는 관용어로 쓰이고 있다.

'예리한 낫 가진 자를 향하여'하며 이 불을 가지고 있는 천사가 17절의 날카로운 낫을 가지고 있는 천사에게 큰 소리로 말했다고 하는데 이것은 지금 하나님의 메시지를 17절의 날카로운 낫을 가지고 있는 천사에게 큰 소리로 전하고 있는 것이다. 그 메시지는 낫을 휘둘러 땅의 포도송이를 추수하라는 내용이었다.

"땅의 포도 송이를 거두라"하고 있는데 여기서 포도송이는 18~19절의 포도와는 약간의 차이가 있다. 포도송이는 한알 한알이 송이 송이 맺혀있는 것을 말하고, 포도는 박스에 담겨져 있는 포괄적인 것을 말한다. 그래서 '포도'라 표현할 때는 아마겟돈에 참여할 모든 짐승에 속한 자들 전체를 말하는 말이고, '포도송이'로 표현할 때는 이들을 디테일(구체적)하게 하나하나를 설명하는 것을 말한다. 즉 포도주틀에 들어갈 자들의 목록을 자세히 기록한 것은 포도송이고, 그냥 전체 다 포도주틀에 들어간다 하면 이는 포도인 것이다(사5:2). 관용어적으로 포도를 추수하는 것은 성경에서는 심판을 뜻하는 말로 사용하였다(사 63:2~3 ; 욜 3:13).

"그 포도가 익었느니라 하더라"하고 있는데 아모스 8장 1~2을 보면 이스라엘 멸망(심판)을 죄악으로 너무 익은 과일로 표현하고 있다. 관용어적으로 '포도가 익었느니라'는 말은 악한 자들의 불신과 죄악이 절정에 도달하였음을 말할 때 사용하는 표현이다. 그러므로 후 삼년반의 죄악이 익을대로 익은 과일이기에 추수하지 않으면 안 될 정도가 되었다는 말이다.

관용어적으로 일곱 번째 천사가 전한 메시지는 후 삼년반에 짐승을 따르는 자들의 죄악이 마치 익은 곡식과 같이 절정에 이르렀음으로 추수하지 않으면 안될 정도가 되었다는 말이다.

천사가 낫을 땅에 흔들어 포도를 거둠

계시록 14장 19절을 보면 "천사가 낫을 땅에 휘둘러 땅의 포도를 거두어 하나님의 진노의 큰 포도주 틀에 던지매"하며 '천사가 낫을 땅에 휘둘러'하고 있는데 이는 17절의 낫을 가지고 있는 천사가 낫을 휘둘렀다는 말로 아마겟돈 전쟁을 말한다.

"땅의 포도를 거두어"하고 있는데 여기서 땅의 포도란 들포도인 독이 있는 포도를 말하는 것으로 여기서는 부정적인 열매인 악인들을 가리킨다(사 5:2.4). 그런데 본 절을 보면 땅의 포도를 거두었다고 함으로 이는 아마겟돈 전쟁으로 추수한 것을 말한다.

"하나님의 진노의 큰 포도주 틀에 던지매"하고 있는데 이 말의 헬라어는 '카이 에발렌(바로=던지다) 에이스(안에,에) 텐 레논(레노스=포도주틀) 투 뒤무(뒤모스=격노) 투 데우(하나님) 텐 메갈렌(큰)'로 이는 '하나님의 큰 격노의 포도주틀안에 던졌다'라는 말이다. 여기서 하나님의 큰 진노의 포도주 틀은 아마겟돈 전쟁을 말하고, 던지매는 아마겟돈 전쟁의 시작을 의미한다.

관용어적으로 천사가 낫을 땅에 흔들어 포도를 거두어 포도주틀에 던졌다는 말은 아마겟돈 전쟁이 시작 되었다는 말이다.

포도주 틀에 대한 관용어

계시록 14장 19~20절을 보면 "천사가 낫을 땅에 휘둘러 땅의 포도를 거두어 하나님의 진노의 큰 포도주 틀에 던지매 성 밖에서 그 틀이 밟히니 틀에서 피가 나서 말 굴레에까지 닿았고 천육백 스다디온에 퍼졌더라"하며 하나님께서 포도즙 짜는 틀을 가지고 마지막 종말의 때 마귀와 불신자들을 아마겟돈 전쟁으로 심판하시는 것을 비유로 말씀하고 있다. 여기서 포도주 틀은 다른 말로 하면 포도즙 짜는 구유를 말하는데 이 구유는 돌이 많은 땅을 원형으로 판 한 쌍의 웅덩이로 크고 깊은 것은 포도를 짜는 틀(히브리어로는 '갓'이라고 부름)로 사용하고 그 보다 작고 긴 것은 도관을 통해 흘러나온 즙을 받아 놓는 통으로(히브리어로는 '예케브'라고 부름) 사용하였다.

고대에 질 좋은 포도즙 짜는 방법을 말씀 드리면 먼저 포도즙을 짤 때에는 큰 통에 포도를 넣고 사람이 그 안에 들어가 밟게 되는데 한 시간 정도 밟으면 질이 좋지 않은 포도는 맨 위로 떠오르고, 그 후 계속해서 30분 정도 더 밟으면 향기 좋은 최상품의 포도즙이 각 송이에서 흘러나온다. 그러나 그 후 더 밟으면 신 포도까지 터져 전체 포도즙 맛이 좋지 않기에 더 이상 밟으면 안 된다. 그런데 성경은 이렇게 수확된 포도를 포도주 틀에 넣고 포도즙 짜는 행위를 하나님이 대적에게 맹렬하게 진노를 발하시는 것으로 비유한다(계 19:15 ; 사 63:3 ; 애 1:15 ; 욜 3:13).

유대인들은 포도즙 만드는 전체 과정을 가지고 심판을 비유했는데, 포도는 악인들을 말하고, 포도주 틀은 심판의 도구를 말하는 것으로 보았고, 포도즙 틀을 밟는 것은 심판 즉 죽이는 행위로 보았고, 틀을 밟으면 포도즙이 나오는 것은 피가 나오는 것으로 보았다(계19:15절을 참고 바란다). 그러므로 본 절에서 포도를 거두었다는 것은 곧 마귀와 그에 속한 불신자들을 포도주 틀에 밟기 위해 수확했다는(거두어 들였다) 것이고, 포도주 틀에 던졌다는 것은 곧 심판대 앞에 선 것을 말하고, 틀을 밟은 것은 심판의 진행 즉 죽이는 행위를 말하고, 포도즙이 흘러나오는 것은 피가 흘러나오는 것을 말한다.

관용어적으로 유대인들은 포도즙 짜는 과정을 가지고 심판을 비유했는데 포도즙 틀은 포도를 으깨는 도구임으로 심판의 도구로 보았고, 포도주 틀을 밟는 것은 곧 심판의 진행으로 죽이는 것으로 보았고, 포도즙이 나오는 장면은 피가 나오는 장면으로 보았던 것이다.

1.5미터 높이의 말굴레로 피가 300킬로나 흘렀다.

계시록 14장 20절을 보면 "성 밖에서 그 틀이 밟히니 틀에서 피가 나서 말 굴레에까지 닿았고 천육백 스다디온에 퍼졌더라"하고 있는데 여기서 성 밖이라는 말의 헬라어는 '엑소 테스 폴레오스'라는 말로 성 밖을 말한다. 계시록에 '성'하며 다른 수식하는 용어가 없으면 일반적으로 예루살렘을 말한다(계11:8,13). 그러므로 이 성 밖은 혹자의 주장처럼 새 예루살렘이 아닌 예루살렘성 밖을 말한다. 실제적으로 아마겟돈(므깃도)은 예루살렘에서 120킬로 떨어지고 나사렛에서 18킬로 떨어진 갈멜산 아래에 있는 이스르엘 평야에 위치해 있다. 또한 아마겟돈(므깃도산)의 높이는 주변 평야보다 50미터밖에 높지 않은 동산이다.

"그 틀이 밟히니"하고 있는데 이 틀은 19절 포도주 틀에 던져진 자들을 말한다. 19절에서는 포도주틀에 던졌다고 함으로 전쟁이 시작되었다고 했는데 본 절에서는 틀을 밟았다고 함으로 이는 아마겟돈 전쟁이 끝났다는 뜻이다.

'피가 나서 말 굴레에까지 닿았고 천육백 스다디온에 퍼졌더라'하고 있는데 이 말의 헬라어는 '카이 엑셀덴(엑셀코마이=떠나다) 아이마(피) 에크(밖으로) 테스 레누(레노스=포도주틀) 아크리(아크리=~~까지) 톤 칼리논(칼리노스=재갈) 톤 힙폰(말), 아포(떨어져) 스타디온(경기장) 킬리온(킬리오이=천) 엑사코시온(헥사코시오이=600)'로 그 뜻은 '말 재갈 물리는데 까지 포도주 틀 밖으로 피가 났다. 천육백 경기장 만큼 떨어졌다'라고 되어있다.

여기서 '스타디온'은 축구 경기장을 기준으로 하기에 축구 경기장 길이가 185미터인데 이 길이의 천육백배이기에 이는 약 300킬로미터를 말한다(185x1600=296). 그리고 말 굴레(재갈)까지의 높이는 1.5미터에 해당하다. 그러므로 '피가 나서 말 굴레에까지 닿았고 천육백 스다디온에 퍼졌더라'는 말은 포도주 틀에서 1.5미터 높이의 피가 300킬로를 강처럼 흘렀다는 말이다. 계시록 16장 16절을 보면 아마겟돈(므깃도 산)에 세계의 모든 왕들이 군대를 이끌고 집결한다고 되어있다.

그렇다면 왜 전 세계 모든 왕들이 군대들을 이끌고 집결했을까? 그것은 므깃도라는 뜻 자체가 '군대를 소집하는 장소'라는 뜻을 가지고 있기 때문이다. 계시록 16장 16절에서 자세히 소개 하겠지만 천년왕국의 수도는 예루살렘이다. 그래서 적그리스도의 무리들은 천년왕국의 수도인 예루살렘을 정복하기 위해 아마겟돈(므깃도)이라는 곳에 집결한 후 예루살렘을 정복하기 위해 예루살렘으로 진격한다. 그리고 예루살렘을 수백 겹으로 포위한다.

계시록 19장 15절 이때 지상 재림 하시는 주님과 천사들이 자중지란을 일으켜 자기들끼리 서로 죽게 해 몰살당하게 하신다(대하20:20~25. 저의 책 계19:15절을 반드시 참고하라). 이때 자기들끼리 서로 죽이고 죽이는 혈투 끝에 피가 300킬로나 흐르게 되는 것이다. 그러므로 전쟁을 위해 아마겟돈에 군대가 집결했지만 전쟁은 아마겟돈에서 벌어지는 것이 아니라 예루살렘 성 밖에서 벌어지게 되는 것이다. 그래서 본 절 상반절에서 말하는 것 같이 피가 성(예루살렘)밖에서 300킬로가 흐르게 되는 것이다. 혹자는 본 절에서 300킬로나 피가 흐른다는 말을 악인들이 당하는 극심한 고통을 상징하는 것이라 하지만 실상은 실제적인 사건인 것이다. 이것이 본장18절 하나님이 천사들을 통해 악인들을 추수하시는 하나님의 추수방법인 것이다. 아마겟돈 전쟁에 대한 내용은 사34:1~8절과 계12:17절과 계16:16절과 계19:21절을 반드시 참고하길 바란다. 이 부분의 저의 책 계12:17절과 계16:16절과 계19:21절을 반드시 참고하기 바란다.

관용어적으로 아마겟돈 전쟁은 세계의 모든 군왕들과 군대가 집결해서 주님께 대항해 벌이는 전쟁으로 주님의 승리로 싱겁게 끝난다(계

19:15). 이 전쟁으로 인해 피가 말 재갈을 먹이는 높이인 1.5미터로 300킬로나 흐르게 된다. 이 일로 인해 계19:17~21절의 새들의 잔치가 있게 된다.

하존 요한계시록 4

제 3 강

계시록 15 장

l 계 15 장

크고 이상한 이적

　계시록 15장 1절을 보면 "또 하늘에 크고 이상한 다른 이적을 보매 일곱 천사가 일곱 재앙을 가졌으니 곧 마지막 재앙이라 하나님의 진노가 이것으로 마치리로다"하며 "하늘에 크고 이상한 다른 이적"을 언급하고 있는데 여기서 '이적'이라는 말의 헬라어 '세메이온'은 본서에서 세 번 나온다(계12:1,3.계13:13). 그런데 이런 이적이라는 말이 나올 때마다 대대적인 사건이 펼쳐졌다. 그러나 본 절은 이 '이적'이라는 말만 나온 것이 아니라 이 이적을 수식하는 크고 이상한 이라는 말이 나옴으로 앞으로 있게 될 7대접 재앙이 얼마나 큰 파괴력을 가졌는지 짐작케 한다. "하늘에 크고 이상한 다른 이적"이라는 말의 헬라어는 '세메이온(이적) 엔(안에) 토 우라노(하늘) 메가(큰)'로 '하늘 안에서 큰 이적'이라는 뜻으로 되어 있다.

　"일곱 천사가 일곱 재앙을 가졌으니 곧 마지막 재앙이라 하나님의 진노가 이것으로 마치리로다"하며 일곱 천사가 일곱 재앙을 가졌다고 하는데 계시록에서(계 10:7 ; 본절 계 15:8) 모든 재앙의 끝판이 7대접 재앙이므로 모든 포커스가 7대접 재앙에 집중되고 있다. 이 대접 대접 재앙이 악인들에게 퍼 붙는 재앙이라 그런 것 같다.

"곧 마지막 재앙이라 하나님의 진노가 이것으로 마치리로다"하며 '곧'이 나오는데 '곧'이 나오면 이는 오버랩 기법으로 앞의 것을 다시 설명하는 것으로 본 절에서는 상반절인 '일곱 천사가 일곱 재앙을 가졌으니' 이것을 다시 디테일하게 설명하는 것이다. 다시 말해 마지막 재앙이 7대접 재앙이라는 것이다. 그렇다면 왜 아마겟돈 전쟁은 재앙이라 하지 않는가? 그것은 아마겟돈 전쟁은 심판에 대한 형벌 집행이기 때문이다.

한편 '마치리로다'의 헬라어 '에텔레스테'는 '완성하다, 성취하다'를 의미하는 '텔레오'의 예언적 부정 과거 수동태이다. 이는 이번 진노가 하나님을 대적하는 세계에 경종을 울리는 마지막 재앙이며 이후에는 오직 마지막 심판만이 기다리고 있음을 시사하는 말이다.

계시록 15장은 7대접 재앙 전 폭풍전야를 예고하는 삽경으로 쓰여지고 있다.

관용어적으로 계시록의 나팔재앙은 7대접 재앙에 포커스가 맞춰지고 있다.

유리바닷가에 선 순교자들

계시록 15장 2절을 보면 "또 내가 보니 불이 섞인 유리 바다 같은 것이 있고 짐승과 그의 우상과 그의 이름의 수를 이기고 벗어난 자들이 유리 바다 가에 서서 하나님의 거문고를 가지고"하고 있는데 본 절은 불 섞인 유리 바닷가에 있는 후 삼년반의 순교자들이 찬양을 하기 위해 서 있는 모습이다. 여기서 "내가 보니"는 요한이 본 것으로 환상전환 관용구이다.

"불이 섞인 유리 바다 같은 것이 있고"하고 있는데 이 말의 헬라어는 '호스(같은) 달랏산(바다) 휘알리넨(휘알리노스=유리, 투명한) 메미그메넨(믹뉘미=섞다) 퓌리(불)'로 이는 '불이 섞여 있는 유리 바다 같은'이라는 뜻으로 이는 유리 바다에 불이 섞여있다는 말로 계시록 4장 6절의 유리바다와는 다르다. 왜냐하면 계시록 4장 6절은 수정 같은 유리바다이지만 본 절은 불이 섞여 있는 유리바다라 하기 때문이다. 그런데 여기서 '호스'는 은유법으로 불 섞인 것같이 보이는 유리바다라 하고 있기에 실제로는 유리는 아닌데 유리 바다처럼 보였다는 것이다. 이렇게 유리바다라 표현한 것은 유리처럼 그 바다가 투명했기 때문이다. 이렇게 투명한 것을 강조하기 위해 계4:6절에서는 수정 같은 유리바다와 같다고 했고 본 절은 유리 바다 같은 이라 표현하고 있는 것이다. 그러나 확실한 것은 이 바다는 불이 섞인 투명한 바다라는 사실이다. 계20:9절의 곡과 마곡의 전쟁시와 소돔과 고모라 심판시 불과 유황이 나왔는데 그 불과 유황이 바로 이 불 섞인 유리 바다에서 나온 것이다.(창 19:24 ; 계 8:7,10,계 14:18 ; 계 20:9)

"우상과 그의 이름의 수를 이기고 벗어난"하고 있는데 이는 순교로 우상과 그 이름의 수(666)를 이기고 벗어났다는 말로 이들은 후 삼년 반의 순교자들이다. 그런데 이들이 후 삼년반에 순교한 순교자들이라는 증거는 3~4절을 보면 찬양이 나오는데 계4장,5장,계11:15~18절을 보면 누가 찬양을 하면 24장로와 네 생물이 화답하는데 본 절과 계6장의 순교자들이 찬양할 때는 이런 화답이 나오지 않는다. 이는 순교자들의 찬양시만 화답이 나오지 않는다. 그러므로 이들은 후 삼년반의 순교자들이고, 또한 계14:1절을 보면 144.000명은 시온산에 있다고 하고 있는데 이들은 유리바닷가 있다고 함으로 있는 곳이 서로 다르다. 만약 이들이 후 삼년 반의 순교자들이 아니고 전삼년반이나 그 이전에 순교 했거나 죽은 자들이라면 이들도 시온산에 있어야 한다. 그런데 이미 144.000명은 시온산인 공중혼인 잔치에 있는데 이들은 유리바닷가에 있다고 하며 서로 있는 장소가 다르다 하고 있다. 그러므로 이들은 후 삼년반에 순교한 순교자들인 것이다.

'유리 바닷가에 서서'라는 말의 헬라어는 '헤스토타스(히스테미=서다) 에피(위에.건너서) 텐 달랏산(바다) 텐 휘알리넨(유리)'로 이는 '유리바다 건너서 서다'라고 되어 있는데 그런데 여기서 '에피'가 전치사인데 이 전치사가 대격을 지배하면 '위로~건너'로 해석이 되는데 뒤에 나오는 "텐"이 대격이다. 그러므로 여기서 유리 바다가에 섰다는 말은 유리바다 건너서 섰다는 말이다. 유리 바다를 다른 말로 하늘의 홍해 바다라 하는데 출애굽한 이스라엘 백성들이 홍해 바다를 건너 가나안 땅에 입성했던 것 같이 새 하늘과 새 땅에 입성하려면 역시 하늘의 홍해 바다인 유리바다를 건너야 한다. 에덴 동산도 4대강이라는 홍해바다로 둘러 쌓여있는 섬 이었던 같이 새 하늘과 새 땅도 홍해바다 가운데 둘려 쌓여 있는 섬이다(창 2:10 ; 사 33:21 ; 계 22:1~2).

그렇다면 순교자들이 유리 바다를 건너가 섰다고 하는데 이 유리 바다를 건너가 선 곳은 어디인가? 우리가 생각할 때 '유리바닷가' 하기에 새 하늘과 새 땅의 끝에 유리 바닷가가 있는 줄 아는데 여기서 유리바닷가는 하나님이 계신 보좌와 새 하늘과 새 땅을 기준으로 한(요14:2~3) 유리바닷가이기에 하늘의 홍해 바다로 둘러 쌓여 있는 섬인 새 하늘과 새 땅을 건너서 섰다는 말로 이곳은 새 하늘과 새 땅이 아닌 천국 안에 있는 낙원을 말하는 것이다(눅23:43). 그러므로 후 삼년반의 순교자들이 유리바다를 건너와 서서 찬양하는 곳은 낙원이라고도 하고, 제단이라고도 하는 유리바닷가인 것이다. 또한 본장 8절을 보면 새 예루살렘에 들어 간 자가 없다고 함으로 유리 바닷가는 새 하늘과 새 땅에 있지 않고 낙원에 있는 것이 확실하다. 만약 이 유리바닷가가 새 하늘과 새 땅 안에 있다면 계시록 15장 8절과 정면 충돌하게 된다. 그러므로 후 삼년반에 순교한 자들이 선곳은 천국안에 있는 낙원(제단 또는 유리 바닷가)인 것이다.

'하나님의 거문고를 가지고' 있다고 하는데 거문고는 찬양하는 악기이기에 후 삼년 반의 순교자들이 거문고를 가진 것은 그들이 찬양하기 위해 가진 것이다. 그러므로 그들의 승리의 찬양이 뒤에 나올 것이다. 이렇게 일곱 대접 재앙 전에 순교자들의 찬양이 나왔다는 것은 폭풍전야를 알리는 신호탄이 되는 것이다.

관용어적으로 유리바닷가에 섰다는 말은 새 하늘과 새 땅이 있는 하늘의 홍해 바다를 건너서 낙원(천국.제단)이라고 하는 곳에 섰다는 뜻이다. 이들이 아직 새 하늘과 새 땅에 들어가지 못한 것은 본장 5절 때문이다.

어린양과 모세의 노래

계시록 15장 3절을 보면 "하나님의 종 모세의 노래, 어린 양의 노래를 불러 이르되 주 하나님 곧 전능하신 이시여 하시는 일이 크고 놀라우시도다 만국의 왕이시여 주의 길이 의롭고 참되시도다"하고 있는데 3~4절은 후 삼년 반의 순교자들이 계시록 16장 대접 재앙으로 자신들의 원한을 신원해 주실 것을 생각하며 감사 찬양하는 내용이다.

"모세의 노래"하며 순교자들이 "모세의 노래"를 불렀다고 하는데 이는 하나님의 구속을 찬양하는 것으로 유대인 회당과 초대 교회에서 실제로 이런 찬양을 불렀다고 한다. 이 모세의 찬양은 출애굽기 15장1절~18절 원수들을 수장 시켜 심판하신 것과 구속하신 것에 대한 감사의 노래인데 이를 관용어적으로 반영한 것이다. 본장 2절을 보면 후 삼년 반에 순교한자들이 지금 하늘의 홍해 바다인 유리 바다를 보자 모세 때 홍해 바다 도하 사건 때 불렀던 구원의 노래가 생각나서 부른 것이다. 반영이라는 말의 뜻을 자세히 알려면 저의 책 계 10:9절을 참고하라.

"어린 양의 노래를 불러"하고 있는데 어린 양의 노래란 계시록 16장을 염두 해 두고 출애굽 때 애굽을 수장하셔서 심판하신 것 같이 대접재앙으로 후 삼년반에 적그리스도와 666표를 받은 자들인 영적 애굽인들을 심판하실 것을 생각하니 너무나 기뻐서 유리바닷가에서 순교자들이 심판 주되신 주님을 찬양하고 있는 것이다.

"곧 전능하신 이시여 하시는 일이 크고 놀라우시도다" 하며 '곧'이라는 말이 나오는데 '곧'은 오버랩 기법으로 앞의 것을 디테일하게 다시 설명하는 관용어이다. 그러므로 앞의 모세와 어린 양의 노래의 내용이 곧 '하나님께서는 전능하신 이시기에 하시는 일이 크고 놀라우시며 또한 만왕의 왕이 되시기에 주님이 하시는 길은 언제나 의롭고 참되시다'는 것이다. 순교자들은 지금 유리바닷가에서 이 찬양을 드리고 있는 것이다. 여기서 '전능하신 이'는 심판의 대 주재가 되시는 하나님의 위엄을 말하는 것이고, '하시는 일이 크고 놀라우시도다'라는 말은 하나님이 행하시는 모든 역사가 인간이 보기에는 두렵고 장대하며 신비롭고 놀랍다(다우마스타=경이롭다)는 뜻이다.

'만국의 왕이시여' 하고 있는데 이는 세상에 많은 왕들이 있지만 그 왕들 중의 왕은 하나님이시라는 말로 황제라는 뜻이다.

'주의 길이 의롭고 참되시도다' 하고 있는데 그 뜻은 이렇게 대접 재앙으로 심판하시는 것은 "눈은 눈으로 이는 이"라는 율법을 이루시는 것이기에 참의로 선인과 악인들에게 공평하게 약속하신 율법 그대로 대우하시는 것은 합당하다는 말이다. 왜냐하면 여기서 길은 '호도스', '길'이란 뜻으로 이는 '뜻'을 말하고, 의롭다는 말은 '디카이오스', '의'로 이는 '공평'하다는 뜻이다. 참되다는 말은 '알레디노스'로 '진실하다'라는 말로 이는 '말씀 그대로 행하신다'는 뜻이기 때문이다.

관용어적으로 후 삼년 반 순교자들이 어린 양과 모세의 노래를 부른 이유는 순교자들이 유리바닷가에서 모세가 애굽인들을 수장한 것 같이 주님께서 7대접 재앙으로 적그리스와 666표 받은 자들을 심판하실 것을 생각하니 너무 기뻐서 찬양한다는 말이다.

성도들이 7대접 재앙을 보고 환호성을 지르게 될 이유는

계시록 15장 4절을 보면 "주여 누가 주의 이름을 두려워하지 아니하며 영화롭게 하지 아니하오리까 오직 주만 거룩하시니이다 주의 의로우신 일이 나타났으매 만국이 와서 주께 경배하리이다 하더라"하고 있는데 3~4절은 후 삼년 반 순교자들의 찬양으로 이들의 찬양은 곧 대접재앙을 알리는 신호와 같은 찬양으로 계시록 16장 7절에서도 이들의 찬양이 본장 3절과 같은 내용으로 다시 나온다.

"주여 누가 주의 이름을 두려워하지 아니하며, 영화롭게 하지 아니하오리까"하고 있는데 이는 하나님께서 7대접 재앙을 행하시면 그 대접 재앙을 보고 사람들이 주님을 두려워하지 않을 사람이 없고 영광 돌리지 않을 사람이 있겠느냐는 말이다. 이 말의 헬라어는 '티스(의문대명사=누구) 우 메(우메는 결코~아니다) 프호베데(경외), 데(연결접속사), 퀴리에(주님), 카이 독사아에(영광) 토 오나마(이름) 쉬(2인칭 대명사=당신의)'로 그 뜻은 '누가 결코 주님을 경외하고 주님의 이름에 영광 돌리지 않을 사람이 있겠느냐'라는 말로 여기서 두려워 하다라는 말의 헬라어는 '프호베데(프호베오=경악하다, 경외하다, 무서워하다)'이고, 영화롭다는 말은 '독사이에(독사조=영광으로 가득차다, 영예를 주다, 찬미하다)'이다.

'오직 주만 거룩하시니이다'라는 말의 헬라어는 '호티(왜냐하면) 모노스(유일하다, 홀로) 호시오스(구별)'로 그 뜻은 '왜냐하면 홀로 구별되었기 때문이라'는 말이다. 이는 하나님만이 유일하게 죄로부터 절대적으로 구별된 신성하신 분이라는 뜻으로 이는 하나님의 속성 중 신성을 찬양하는 말이다.

"주의 의로우신 일이 나타났으매" 이 말의 헬라어는 '호티(왜냐하면) 타 디카이와타(디카이오마=법령이나 결정,심판,공의,의) 쉬(2인칭 대명사=당신의) 엡하네로데산(화네로오=명백하게 나타나다)'로 그 뜻은 '왜냐하면 당신의 공의가 명백하게 나타났기 때문이다'라는 말로 이 7대접 재앙은 주님이 약속하신 "이는 이, 눈은 눈"이라는 공평함이 명백하게 나타나는 재앙이라는 말이다. 그러므로 7대접 재앙은 주님의 의로우심이 만천하에 나타나는 재앙이다.

"만국이 와서 주께 경배하리이다 하더라"하고 있는데 이 말의 헬라어는 '호티(왜냐하면) 판타(모든) 타 에드네(민족) 헥수신(헤코=오다) 카이 프로스퀴네수신(프로스퀴네오=경배, 공경) 에노피온(면전,앞에) 수(2인칭 대명사=당신의)'로 그 뜻은 '왜냐하면 모든 민족이 와서 주님의 면전 앞에 경배할 것이기 때문이다'라는 말로 여기서 '모든 민족'은 '후 삼 년반에 남겨진 모든 성도들'을 말하는 것으로 7대접 재앙으로 인해 믿는 자들은 하나님께 환호성을 지르며 기뻐하며 경배할 것이라는 말이다. 왜냐하면 7대접 재앙은 불신자들에게만 내리는 재앙이기 때문이다.

관용어적으로 본 절은 후 삼년 반의 순교자들의 찬양으로 순교자들은 7대접 재앙이 내리게 되면 악인들은 '눈은 눈으로 이는 이'로 대하는 형벌을 받게 될 것이지만 성도들은 환호성을 지르며 기뻐하게 될 것이라는 말이다. 왜냐하면 7대접 재앙은 666표를 받고 우상 숭배하는 자들에게만 내리는 재앙이기 때문이다.

증거 장막 성전이 열리고

계시록 15장 5절을 보면 "또 이 일 후에 내가 보니 하늘에 증거 장막의 성전이 열리며"하고 있는데 계시록 6장 9절을 보면 전삼년반의 순교자들이 제단에서 기도하자 공중 재림이 일어났던 것 같이, 3~4절 후 삼년 반에 순교한 순교자들이 유리바닷가에서 모세와 어린 양의 찬양으로 찬양하는 것이 본 절에서 끝나자 증거 장막 성전이 열렸는데 이는 새로운 미션이 주어지는 것을 말하는데 그 것은 대접 재앙이다.

여기서 '이 일 후에'라는 말은 오버랩 기법으로 연결을 알려 주는 관용어로 본 절에서는 3~4절과 연결이 된다. '내가 보니'라는 말은 요한이 보니라는 말로 환상 전환 관용구이다.

"하늘에 증거 장막의 성전이 열리며"하고 있는데 이 말의 헬라어는 '에노이게(아노이고=열리다) 호 나오스(성전) 테스 스케네스(천막) 투 말튀리우(십계명, 증거) 엔(안) 토 우라노(하늘)'로 그 뜻은 '하늘안에 십계명이 들어 있는 천막의 성전이 열리니'라는 말로 본 절의 증거장막이란 십계명이 들어있는 장막(성막)을 말하는데 그 장막을 성전이라 하고 있다. 장막(텐트)에는 세 개의 장막이 있는데 첫째는 흙인 육체를 말하고, 둘째는 집인 텐트를 말하고, 셋째는 법궤가 있는 텐트를 말하는데 본 절의 증거 장막은 법궤가 있는 텐트를 말한다.

모세가 하나님으로부터 받은 십계명이 새긴 두 돌판을 장막(성막)을 만들어 보관했는데 이스라엘 사람들은 이를 종종 '증거의 장막'이란 명칭으로 불렀는데(행 7:44 ; 민 9:15), 이를 또한 회막(오헬 모에드=만남의 천막)이라고도 부르기도 했는데 이는 하나님께서 직접 임재 하셔서 백성들과 성막안에서 교제를 나누셨기 때문이고 또한 법궤가 하나님을 상징하기에 법궤가 성막 안에 있다는 것은 곧 하나님이 이스라엘 안에 계시다는 증거가 되었기 때문이다.

우리가 법궤를 부를 때 세 가지 이명(다른 이름)으로 부르는데 첫째는 법궤라 부른다. 그런데 이렇게 법궤라 부르는 이유는 하나님의 법인 십계명이 들어 있기 때문에 석판을 중심으로 부를 때는 법궤라 부르고, 둘째로 언약궤라 부르는데 언약궤라는 말은 언약(약속)이 들어 있기 때문에 부르는 이름인데 이는 항아리를 중심으로 법궤를 부를 때 언약궤라 부르고, 셋째로 증거궤라 부르는데 이는 증명이라는 말로 이는 지팡이를 중심으로 법궤를 부를 때 부르는 명칭이다.

'증거 장막의 성전'이란 말을 헬라어 원어로 볼 때는 '나오스(성전) 테스 스케네스(천막) 투 말튀리우(십계명, 증거)'로 이는 '십계명이 있는 그 천막의 성전'이라는 말로 결국 증거 장막 성전이란 증거 장막의 또 다른 이름인 성전을 말하는 말이다. 그래서 공동번역도 '그 성전은 증거의 천막이었습니다'라고 해석을 하고 있고, 현대어 성경도 '증거의 장막이 있는 성소(성전)'로 해석하고 있다. 다시 말해 이 말은 열거법으로 같은 말을 다른 표현으로 두 번 반복해서 언급하고 있다는 말이다. 즉 법궤가 들어 있는 텐트를 모세는 증거 장막이라 불렀고, 솔로몬 이후에는 성전으로 불렀는데 요한은 이를 증거 장막이라고도 부르고, 성전이라고도 부르며 한꺼번에 두 개를 동시에 부르고 있다는 말이다. 그러므로 증거 장막의 성전이란 증거장막으로 된 성전이란 뜻인 것이다.

'하늘에 증거 장막의 성전이 열리며' 하고 있는데 그런데 이 장막은 하늘에 있는 참된 성전의 모형인 그림자로(히 8:5) 참 하나님의 성전은 하늘에 있다. 이 참 하나님의 성전을 가리켜 계시록 21장 22절을 보면 하나님과 어린 양이 성전이라 하며 하나님 당신이 성전이라 하고 있다. 그러므로 하늘의 성전(모세 때로 표현하면 증거 장막)이 열렸다는 것은 곧 하나님이 성전이시기에 하나님으로부터 어떤 미션이 떨어지고 있다는 뜻인데 6절 이하를 보며 일곱 대접을 가지고 있는 7천사에게 미션이 떨어지고 있다.

관용어적으로 증거 장막의 성전이란 말은 같은 말을 열거법으로 다르게 표현하는 것으로 모세때의 표현으로 하면 증거 장막이라 하고 솔로몬 이후로 표현하면 성전이라 하는 것으로 요한은 이 두 가지를 한꺼번에 같이 쓰고 있는 것이다. 또한 성전이 열렸다는 것은 미션이 떨어지고 있다는 말이다.

맑고 빛난 세마포 옷을 입고 금띠를 띤 7대접천사

계시록 15장 6절을 보면 "일곱 재앙을 가진 일곱 천사가 성전으로부터 나와 맑고 빛난 세마포 옷을 입고 가슴에 금 띠를 띠고"하고 있는데 후 삼년반에 순교한 순교자들의 찬양이 끝나자 성전이 열리며 그 성전에서 예수님의 모습을 하고 있는 7 대접을 가진 천사가 나온다. 이렇게 하늘 성전인 하나님으로부터 천사가 나왔다는 말은 하나님으로부터 직접 보냄을 받았다는 말이며 또한 하나님으로부터 특별한 미션을 받고 왔다는 뜻이다.

"맑고 빛난 세마포 옷을 입고, 가슴에 금 띠를 띠고"하고 있는데 여기서 '맑고 빛난 세마포 옷을 입고'라는 말의 헬라어는 '엔데뒤메노이(엔뒤오=입다, 정장하다) 리논(삼베) 카다론(카다로스=깨끗한, 정결한) 카이

람프프폰(람프로스=찬란한,화려한)'로 이는'깨끗하고 찬란한 삼베 옷을 입었다'라는 말이다. 이는 7대접 천사가 세마포 옷을 입었다는 말이다. 그런데 알렉산드리아 사본과 에브라임 사본등에서는 이 세마포를 '보석'으로 언급하고 있지만 한글 개정 성경과 문장의 정황상으로 볼 때는 세마포가 맞다. 다니엘서 12장 6절에서는 이런 옷을 입은 천사를 가브리엘 천사장이라 하고 있지만 본 절에서는 7대접 천사라 말한다. 그런데 이렇게 7대접 천사가 세마포와 금띠를 띠었다는 것은 당시 제사장들이나 왕이 세마포와 금띠를 띠고 봉사를 했는데 계시록 1장 13절을 보면 예수님의 모습과 비슷하다. 이 천사들이 예수님의 모습과 비슷한 옷을 입고 성전으로부터 나왔다는 것은 이 7대접 천사가 예수님을 대신해 전권대사를 행사 할 것이라는 뜻이다. 그러므로 앞으로 있게 될 7대접 재앙의 위력을 우리는 가히 짐작할 수 있는 것이다.

관용어적으로 맑고 빛난 세마포 옷을 입고 가슴에 금띠를 띠고 7대접 천사가 하나님으로 부터 왔다고 하는데 이는 예수님의 모습과 비슷한 모습으로 이 천사들이 예수님의 권세를 가지고 7대접 재앙을 행사 할 것을 말한다.

대접재앙은 7대 금대접 재앙이다.

계시록 15장 7절을 보면 "네 생물 중의 하나가 영원토록 살아 계신 하나님의 진노를 가득히 담은 금 대접 일곱을 그 일곱 천사들에게 주니" 하며 네 생물 천사 중 하나가 하나님의 진노가 담겨져 있는 금대접 일곱을 일곱천사에게 주었다고 하는데 여기서 네 생물 천사 중 어떤 생물 천사가 금대접 일곱을 일곱 대접 천사에게 주었는지는 알 수 없다. 본 절에 나오는 생물천사는 저의 책 계시록 4장 6절~8절을 반드시 참고해 주길 바란다.

'영원토록 살아 계신 하나님'이라는 말의 헬라어는 '투 존토스(자오=살다) 에이스(향하여) 투스 아이오나스(디아메노=머물러 있다) 톤 아이온온(아이온=영원히)'로 그 뜻은 '사는 것을 향하여 영원히 머물러 있다'라는 말로 이는 알파와 오메가이신 하나님의 속성을 가리키는 것으로 그의 주권이 영원하며 자신을 대적하는 악에 대해 반드시 심판하실 권한을 소유하신 분이심을 시사한다. 본 절에 나오는 알파와 오메가의 뜻은 저의 책 계시록 1장 8절, 18절을 참고하라

'하나님의 진노를 가득히 담은'이라는 말의 헬라어는 '게모(부풀다, 가득차다) 투 뒤무(뒤모스=분노, 격노) 투 데우(하나님)'로 그 뜻은 '하나님의 분노가 가득차다'라는 말로 이 대접은 하나님이 지금까지 참아 왔던 분노가 가득한 대접으로 일명 하나님의 분노의 대접이다. 착한 사람이 한번 화를 내면 무서운 것 같이 사랑의 하나님도 한번 화를 내시면 무서운 것이다.

'금 대접 일곱을 그 일곱 천사들에게 주니'하고 있는데 이 말의 헬라어는 '헵타(7) 앙겔로이스(천사) 헵타(7) 휘알라스(휘알레=대접) 크리사스(크뤼세오스=금)'로 그 뜻은 '금대접 7개를 7천사에게' 주었다는 말

인데 하편 '대접'에 해당하는 헬라어 '휘알라스'는 문자적으로 연회에서 포도주를 담는 그릇이나(암 6:6) 혹은 희생 재물의 피를 담기 위해 제사 의식에 사용하는 그릇이다(출 27:3). 그런데 이러한 '휘알라스'는 계시록 5장 8절에서 순교자들의 신원하는 기도를 담은 대접에 사용되었고 본 절에서는 하나님의 진노를 담은 대접으로 사용되어 성도들의 기도와 하나님의 진노를 연결시켜주고 있다. 이는 성도들의 신원 기도가 마지막 때에 하나님이 진노의 심판을 행사하는 7대접 재앙을 불러 오게 했다는 말이다. 다시 말해 우리가 대접 재앙이라 할 때 그 대접 재앙은 금 대접 재앙을 말하는데 이 대접은 음식이나 제사시 사용하는 대접인데 계시록 5장 8절을 보면 성도들의 기도가 담겨져 있는 대접이다. 그러므로 대접재앙은 성도들의 기도 응답의 결과라는 말이다.

관용어적으로 하나님의 최 측근인 네 생물 천사 중 하나가 금대접 일곱 개를 예수님의 모습을 하고 있는 7천사에게 줌으로 대접재앙을 행할 모든 준비가 끝났다는 말이다.

일곱 대접 재앙이 마치기 전까지 성전에 들어 간자가 없다.

계시록 15장 8절을 보면 "하나님의 영광과 능력으로 말미암아 성전에 연기가 가득 차매 일곱 천사의 일곱 재앙이 마치기까지는 성전에 능히 들어갈 자가 없더라"하며 하나님의 영광과 능력으로 말미암아 성전에 연기가 가득 찼다고 하고 있는데 계시록 21장 22절을 보면 하나님과 어린양이 성전이라 하고 있다. 그렇다면 여기서 성전에 연기가 가득 찼다는 것은 실제로 연기가 가득찬이 아니라 임재가 충만하다는 말이다. 왜냐하면 연기는 임재와 영광에 대한 관용어이기 때문이다. 그러나 본 절에서 연기는 생물 천사 중 하나가 7대접 천사에게 금 대접을 준 것을 하나님이 아주 기뻐하신다는 뜻이다.

"일곱 천사의 일곱 재앙이 마치기까지는 성전에 능히 들어갈 자가 없더라"하고 있는데 요한복음 14장 2절~3절을 보면 "내 아버지 집에 거할 곳이 많도다 그렇지 않으면 너희에게 일렀으리라 내가 너희를 위하여 거처를 예비하러 가노니, 가서 너희를 위하여 거처를 예비하면 내가 다시 와서 너희를 내게로 영접하여 나 있는 곳에 너희도 있게 하리라"하며 아직 아버지의 집인 천당(새 하늘과 새 땅.새 예루살렘 성)에 들어간자가 아무도 없다고 나온다. 그리고 본 절에도 일곱 대접 재앙이 마치기 까지는 아무도 성전에 들어간 자가 없다고 하고 있다. 계21:22절을 보면 새 하늘과 새 땅엔 성전이 없고 하나님과 어린 양이 성전이라 했다. 그런데 이 성전되는 새 하늘가 새 땅에 아무도 들어간 자가 없다고 하고 있다. 그러므로 144.000명이 있는 곳도 새 하늘과 새 땅이 아닌 계시록 14장 1절에서 말한것 같이 시온산인 공중혼인 잔치 자리인 것이다.

관용어적으로 하나님이 계신 곳이 성전이기에 새 하늘과 새 땅이 성전이다. 왜냐하면 하나님과 어린양이 성전이기 때문이다. 그런데 그 성전엔 현재까지 아무도 들어간자가 없다고 하신다.

하존 요한계시록 4

제 4 강

계시록 16 장

l 계 16 장

일곱 대접 재앙은 45일 재앙이다

계시록 16장 1절을 보면 "또 내가 들으니 성전에서 큰 음성이 나서 일곱 천사에게 말하되 너희는 가서 하나님의 진노의 일곱 대접을 땅에 쏟으라 하더라"하고 있는데 7대접 재앙을 한마디로 말하면 45일 재앙이라 한다. 그렇다면 왜 7대접 재앙을 45일 재앙이라 할까? 이것을 알기 위해서는 다니엘서 12장 11절~12절을 이해하지 않으면 안 된다. 그러므로 본 절에서는 이 다니엘서 12장 11절~12절을 자세히 설명하도록 하겠다. 다니엘서 12장 11절~12절은 다니엘서 12장 8절에 다니엘의 질문에 가브리엘 천사가 종말에 대하여 설명한 내용이다.

다니엘서 12장 8절 "내가 듣고도 깨닫지 못한지라, 내가 이르되 내 주여 이 모든 일의 결국이 어떠하겠나이까 하니"(다니엘이 가브리엘 천사에게 종말에 대하여 질문하는 내용이다)

다니엘서 12장 11절~12절은 가브리엘 천사가 종말에 대하여 예언한 내용인데 자세히 설명 하도록 하겠다.

다니엘서 12장 11절 "매일 드리는 제사를 폐하며, 멸망케 할 미운 물건을 세울 때부터(역사적으로는 안티오쿠스 4세가 2차 애굽 전쟁에 실패한 후 예루살렘을 점령한 시점인 주전 167년인데 계시록으로 하면 적그리스도의 예루살렘 점령한 시점을 말한다), 일천이백구십 일(1290일)을 지낼 것이요(후 삼년반 기간인 3년 5개월을 말하고 있다)

다니엘서 12장 12절 "기다려서(45일을 기다리면), 일천삼백삼십오일까지(1335일) 이르는 그 사람은 복이 있으리라"(1335일 기다리면 천년왕국에 들어가기에 복이 있다는 말이다)

다니엘서 12장 11절의 1290일은 후 삼년 반의 대환난 기간을 말하고, 다니엘서 12장 11절의 '기다려서'는 45일을 기다리라는 말로 이는 계 16장의 7대접 재앙 기간을 말하고, 단12:12절의 1335년은 천국왕국에 들어가는 날을 말한다. 결국 이 말은 1290일에 45일을 기다리면 1335일 되는데 이날까지 견 되면 육체를 가지고 천년왕국에 들어간다는 말이다. 그래서 1335일을 기다린 자들이 복이 있다고 하고 있는 것 이다.

그런데 이렇게 대접 재앙 기간인 45일이 필요한 이유는 이 땅에서 천년왕국이 이루어지는데 이 땅이 아마겟돈 전쟁으로 수많은 시체들이 나뒹구는 상태에서 이 땅이 천년왕국이 된다면 천년왕국은 천년 왕국이 아닌 시체왕국이 될 것이다. 그러므로 이 땅에 있는 시체들을 깨끗이 청소하기 위해 45일이 필요하고 또한 짐승의 표를 받은 자들과 우상 숭배자들을 다 죽여 불신자들이 천년 왕국에 되도록 들어가지 못하도록 하기 위해 이들을 깨끗이 청소한 상태에서 천년 왕국을 만들기 위해 45일 정리 기간이 필요했던 것이다. 그래서 대접재앙을 45일 재앙이라 하는 것이다.

관용어적으로 45일 재앙이 필요한 이유는 시체가 나뒹구는 지구를 깨끗이 재정비하기 위해 필요했고, 666표와 우상 숭배자들이 육체를 가지고 천년왕국에 들어가지 못하도록 청소하기 위해 필요했다는 말이다.

성전에서 음성이 들리길 일곱 대접을 땅에 쏟으라

계시록 16장 1절을 보면 "또 내가 들으니 성전에서 큰 음성이 나서 일곱 천사에게 말하되 너희는 가서 하나님의 진노의 일곱 대접을 땅에 쏟으라 하더라"하고 있는데 후 삼년 반을 초기, 중기, 절정기, 후기로 나누면 후 삼년반 초기는 예루살렘 점령과 두증인의 죽음이고, 후 삼년반 중기는 바벨론 점령과 3차 세계대전이고, 후 삼년반 절정기는 666표 강요 시기이고, 후 삼년반 후기는 일곱 대접 재앙 기간이다. 대접 재앙을 한마디로 말하면 45일 재앙으로 재앙의 대상이 남겨진 성도가 아니라 666표 받은 자와 우상 숭배자들이 대상이고, 남겨진 성도들은 고센 땅과 같은 곳에서 보호를 받는다(출 8:22).

"또 내가 들으니"하고 있는데 이 말은 문장 전환 관용구로 새로운 계시가 주어질 때 쓰인다. 또한 "성전에서 큰 음성이 나서"하고 있는데 이 말의 헬라어는 '포호네스(음성) 메갈레스(큰) 에크(에서) 나우(성전)'로 그 뜻은 '성전에서 큰 음성이 나서'라는 뜻으로 계시록 21장 22절을 보면 하나님이 성전이라 했는데 성전에서 음성이 들렸다는 것이다. 그러므로 성전에서 음성이 들리면 이는 무조건 하나님의 음성이다. 그래서 계시록 16장 17절도 성전에서 음성이 들려왔기에 이 음성도 하나님의 음성이었던 것이다. 그런데 하반절에 '하나님의 진노의 일곱 대접을 땅에 쏟으라' 하며 하나님이 하나님께 진노의 대접을 쏟으라 하신다. 하나님이 하나님께 명령하는 것이 문장 구조상 어색하지만 그러나 성전에서 나온 음성은 계시록에서 무조건 하나님의 음성이기에 이 말도 하나님의 음성으로 봐야 한다. 만약 하나님의 음성이 아니라면 하나님의 보좌 주변에 있는 네 생물천사 중 한 천사의 음성이었음이 틀림없을 것이다. 그러나 천사가 성전에 나온 경우는 있어도 성전에서 천사의 음성이 들려온 적은 계시록에 나온 적이 없다. 그러므로 이 음성은 하나님의 음성 또는 성령의 음성 봐야 할 것이다. 창세기 22장 12절에 보면 이런 표현이 나온다.

"일곱 천사에게 말하되" 이는 7대접 천사에게 하나님께서 지금 특명을 주고 있는 상태이다. 또한 "하나님의 진노의 일곱 대접을 땅에 쏟으라"하고 있는데 이 말의 헬라어는 '에크케아테(엑케오=붓다) 휘알라스(대접) 투 뒤무(뒤모스=분노.격노) 투 데우(하나님) 에이(향하여)스 텐 겐(땅)'로 그 뜻은 '땅을 향하여 하나님의 분노의 대접을 부어라'라는 말로 하나님의 분노를 쏟으라고 하나님께서 지금 말씀하시고 있다. 이것이 7대접 천사에게 하나님이 주신 특명이었다. 그런데 이 대접 재앙은 무제한 적인 재앙이며 동시 다발적인 재앙으로 전 지구상에 45일 동안 임하게 될 것이다.

그런데 이 일곱 금대접 재앙은 성도들의 기도 응답의 결과라는 것이다. 왜냐하면 계 5:8, 계 8:5, 15:7절을 보면 우리가 기도한 내용이 향으로 금 대접에 쌓이게 되는데 이 대접에 제단 불을 담아다가 땅에 쏟으면 지진이 나는데 이 지진은 형벌의 집행이다. 그래서 계 8:5절 이하를 보면 나팔 재앙도 시작되었던 것이다. 마찬가지로 본 절도 대접을 땅에 쏟음으로 45일 재앙이 시작되고 있다. 그러므로 대접 재앙도 성도들의 기도응답의 결과인 것이다.

관용어적으로 성전에서 들리는 음성은 하나님의 음성으로 그 내용은 대접을 땅에 쏟으라는 것이었다. 그런데 이 대접은 성도들의 기도의 대접이었다. 그러므로 7대접 재앙의 시작은 성도들의 기도의 대접을 쏟으면서 45일 재앙이 시작되었다는 말이다.

첫 번째 대접 재앙의 대상자들

계시록 16장 2절을 보면 "첫째 천사가 가서 그 대접을 땅에 쏟으매 짐승의 표를 받은 사람들과 그 우상에게 경배하는 자들에게 악하고 독한 종기가 나더라" 하며 첫째 천사가 가서 그 대접을 땅에 쏟았다고 나온다. 이렇게 첫째 대접천사가 대접을 땅에 쏟으며 계시록 10장 7절부터 비밀리에 계시했던 계시록의 핵심인 일곱 대접 재앙이 드디어 시작된 것이다. 마치 서정주의 시 '한 송이 국화꽃을 피우기 위해 봄부터 소쩍새가 그렇다 울었나 보다'하며 가을 국화꽃 하나 때문에 봄부터 새가 울며 기다렸던 같이 대접재앙을 기다리며 무려 계시록 10장 7절부터 계시록 15장까지 개봉 박두였던 영화가 드디어 계시록 16장 2절에 와서 상영되기 시작한 것이다.

대접 재앙을 쉽게 말씀드리면 대접을 방바닥에 던지면 대접이 산산조각나는 것 같이 대접재앙이 바로 그렇다. 이 대접을 땅에 던질 때마다 불신자들과 지구가 산산조각이 나고 있는 것이 대접 재앙이다.

"짐승의 표를 받은 사람들과 그 우상에게 경배하는 자들에게 악하고 독한 종기가 나더라"하고 있는데 여기서 짐승의 표인 666과 우상 숭배는 저의 책 계시록 13장 부분을 반드시 참고해 주기 바란다. 앞에서 언급했듯이 계시록 16장인 대접 재앙은 남겨진 성도들에게 미치는 재앙이 아니라 666표와 짐승을 숭배했던 사람들에게 내려진 재앙이다. 그래서 믿는 자들은 고센땅과 같은 곳에서 언제나 열외 되며 재앙을 받지 않고 있다. 그래서 본 절도 믿는 자들이 등장하지 않고 남겨진 불신자들만 등장하고 있는 것이다.

"독한 종기가 나더라"하고 있는데 이 말의 헬라어는 '카이 에게네토(기노마이=되다) 헬코스(종기) 카콘(악한.아픈)'로 이는 "아픈 종기가 났다"라는 말로 여기서 종기인 '헬코스'는 출애굽기 9장 8절~11절에 나오는 여섯번째 재앙인 '독종'이나 욥의 몸에 난 악창(욥2:7)과 같은 것으로 볼 수 있다. 혹자는 이 종기를 악성 종기이며 피부 질환으로 말하는데 아마 '피부 암'이 아닐까 한다. 출애굽 10가지 재앙시 고센땅을 구별한 것 같이 본 재앙시에도 성도들은 구별되고, 우상과 666표 받은 자들에게만 이 재앙이 내려지고 있다. 그런데 혹자는 이 종기가 666표를 받은 곳에서 부터 시작될 것이라 한다.

관용어적으로 첫 번째 대접 재앙으로 인해 후 삼년 반에 666표를 받고 우상 숭배했던 불신자들의 몸에 피부암이 생기기 시작했다는 말이다. 이때 성도들은 고센땅에서 안전하다.

둘째 대접을 바다에 쏟음

계시록 16장 3절을 보면 "둘째 천사가 그 대접을 바다에 쏟으매 바다가 곧 죽은 자의 피 같이 되니 바다 가운데 모든 생물이 죽더라"하며 두 번째 천사가 대접을 바다에 쏟았다고 하고 있다. 계 14:7절을 보면 '하늘과 땅과 바다와 물들의 근원(샘)을 만드신 이를 경배하라' 하고 있는데 이는 대접재앙이 어디에 쏟아질 것을 예상할 수 있는 말이다. 왜냐하면 대접재앙이 이곳에 쏟아질 것이기 때문에 이를 창조하신 하나님을 경배하라 하고 있는 것이다.

"그 대접을 바다에 쏟으매"하고 있는데 이 말의 헬라어는 '엑세케엔(엑케오=붓다) 텐 휘알렌(대접) 아우투(3인칭 대명사) 에이스(향하여)

텐 달랏사안(바다)'로 그 뜻은 '바다를 향하여 그 대접을 부었다'라고 되어 있는데 여기서 바다 앞에 정관사 '텐'이 붙음으로 이는 모든 바다에 부었다는 말이 아니라 어느 특정한 바다에 대접을 부었다는 말이다. 그런데 바다는 다 연결되었기에 한 바다에 대접을 쏟아도 전 세계 바다는 다 영향을 받게 되는 것이다. 그래서 모든 생물 앞에 파사(파스)가 붙은 것이다 '파사(모든) 프쉬케(혼) 조사(자오=살다)'. 즉 한 바다에 대접을 쏟았지만 전 세계 바다가 영향을 받았기에 모든 바다 생물이 다 죽었다고 하는 것이다.

"바다가 곧 죽은 자의 피 같이 되니"하고 있는데 이는 계시록 8장 8절의 둘째 나팔 재앙과 유사하지만 둘째 나팔 재앙시에는 바다의 3분의 1만 피로 변해 제한적이었지만 본 절은 무제한적임으로 온 바다 생물이 피로 인해 폐사했다고 나오기에 그 강도면 에서 큰 차이를 보이고 있다.

"모든 생물이 다 죽더라"하고 있는데 이 말의 헬라어는 '파사(모든) 프쉬케(혼) 조사(자오=살다)'로 그 뜻은 '살아 있는 모든 혼'이라 해서 '파사'가 들어갔기에 모든 바다 생물이 폐사했다고 한다. 노아의 홍수때 바다 생물은 살아남을 수 있었지만 대접 재앙시는 완전히 폐사했다는 것이다. 그러므로 666표를 받은 자들만 적조(홍차라떼=본장 8절을 참고하라) 피해를 본 것이 아니라 이 때는 남겨진 성도들을 포함한 모든 사람들이 피해를 보게 될 것이다.

관용어적으로 둘째 대접 천사가 대접을 바다에 쏟게 되면 전 세계 바다가 피로 변하고 모든 바다 생물이 폐사하게 된다는 말이다.

셋째 대접 천사 대접을 강과 샘에 쏟음

계시록 16장 4절을 보면 "셋째 천사가 그 대접을 강과 물 근원에 쏟으매 피가 되더라"하며 셋째 대접 천사가 대접을 강과 샘에 쏟자 강과 샘이 피로 변했다고 한다. 그런데 이 재앙은 셋째 나팔 재앙과 병행을 이룬다(계 8:10,11). 또한 이것은 모세를 통해 나일 강과 애굽의 모든 물의 근원을 피로 변화 시켰던 첫째 재앙과도 유사하다(출 7:17~21 ; 시 78:44). 그러나 대상과 범위가 제한적이지 않고 무제한 적이라는 점에서 그 강도가 다르다.

'강과 물 근원에 쏟으매'라는 말의 헬라어는 '투스 포타무스(강) 카이 에이스 타스 페가스(페게=샘, 근원) 톤 휘다톤(휘돌=물)'로 그 뜻은 '그 강과 그 물 그 샘을 향하여'라는 말로 강이나 샘 앞에 정관사 '투스'와 '톤'이 붙음으로 이는 어떤 특정한 강과 샘을 의미하는 말이기에 성도들이 있는 고센 땅의 강이나 샘은 핏물로부터 보호를 받고, 불신자들이 있는 강과 샘만 피로 변했다는 말이다. 그러면 이때 불신자들은 마실 물이 없어 다 죽게 되는데 그런데 만약 이렇게 불신자들이 다 죽게 되면 16절 아마겟돈 전쟁을 일으킬 수 있는 사람이 없게 된다. 그러므로 이때 불신자들은 정수기를 개발 하든지 아니면 성도들에게 물을 구걸해 아마겟돈을 일으킬 정도는 살아남을 것이다.

그런데 여기서 물의 근원 할때 근원이 '알케'로 되어 있지 않고 샘을 말하는 '페게'로 되어있다. 만약 물의 근원을 '알케'로 썼으면 전 세계 모든 물이 피로 변해 믿는 성도들도 핏물에서 보호 받지 못했을 것이다. 그런데 본 절에서는 근원을 '페게' 샘으로 되어 있기에 다른 모든 샘들은 핏물이 되었지만 성도들이 있는 고센땅과 같은 지역은 핏물로 변하지 않고 보호를 받을 수 있었던 것이다. 그래서 다른 성경에서는 물의 근원이라 하지 않고 샘으로 번역하고 있다. 계시록에서 물의 근원은 다 샘을 말하고 있다.

관용어적으로 세 번째 대접 천사가 666표와 우상 숭배하는 자들이 있는 강과 샘물에 대접을 쏟아 피로 만들었다는 말은 생존에 치명적인 고통을 주었다는 말이다.

물을 차지한 천사의 찬양

계시록 16장 5절을 보면 "내가 들으니 물을 차지한 천사가 이르되 전에도 계셨고 지금도 계신 거룩하신 이여 이렇게 심판하시니 의로우시도다" 하고 있는데 계시록에서 삽경은 없다고 생각해도 해석하는데 전혀 문제가 되지 않는다. 오히려 삽경이 들어감으로 해석하기 어렵게 만드는 경우가 더 많다. 본 절 5~7절도 역시 삽경인데 물을 담당한 천사와 후 삼년 반 순교자들의 찬양이 기록되었다. 그런데 계시록에서 삽경과 찬양이 나오면 무조건 폭풍전야를 알리는 신호이다.

"내가 들으니 물을 차지한 천사가 이르되"하며 물을 차지한 천사가 등장하는데 이를 통해 우리는 천사들의 종류가 많고 또한 사역 분야가 각기 다르다는 것을 알 수 있다. 어떤 천사는 바람을 다스리고(계 7:1), 또 어떤 천사는 불을 다스리고(계 14:18), 또 어떤 천사는 본 절과 같이 물을 다스린다. 천사들은 이 외에도 여러 분야에서 각기 자기가 담당한 역할을 성실히 수행한다. 그런데 본 절과 6절에서 이렇게 물을 담당한 천사가 등장한 이유는 3~4절의 재앙이 물인 바다와 강과 샘에 대한 대접 재앙이 임했기 때문이다.

"전에도 계셨고 지금도 계신 거룩하신 이여"하고 있는데 여기서 장차가 빠지면 하나님을 찬양하는 것이고 장차가 들어가면 공중 재림하실 예수님을 찬양하는 것인데 이렇게 장차가 빠진 이유는 공중 재림이 이미 임했기 때문이다. 계시록에서 장차라는 말은 공중재림을 가리키는 말이다.

'이렇게 심판하시니 의로우시도다'하고 있는데 여기서 심판은 대접 재앙을 의미하는데 그 중에서 본문의 심판은 3~4절 바다와 샘에 대접 재앙이 임한 것을 의미한다. 그런데 이렇게 물로 심판하신 것이 의로우시다 하고 있는데 이는 눈은 눈, 이는 이로 공평하게 심판하시고 계시기 때문이다.

관용어적으로 물을 차지한 천사가 등장하며 심판이 의로우시다고 한 이유는 3~4절의 대접 재앙이 물에 임했기 때문이다. 이렇게 심판하신 이유는 하나님은 공의로우신 분이시기 때문이다.

666표 받은 자들과 우상 숭배자들이 핏물을 마시게 된 이유

계시록 16장 6절을 보면 "그들이 성도들과 선지자들의 피를 흘렸으므로 그들에게 피를 마시게 하신 것이 합당하니이다 하더라" 하고 있는데 이렇게 바다와 강가 샘을 핏물이 되게 한 것은 그동안 예수 믿는 성도들을 피 흘려 순교하게 했기에 악인들에게 그 피로 보상해 피를 피로 갚고 계신 것인데 이는 눈은 눈으로 이는 이로 갚는다는 말씀을 이루시는 것이다.

"그들이 성도들과 선지자들의 피를 흘렸으므로"하고 있는데 본 절의 상황은 지금 지상 재림을 앞두고 대접재앙이 시행되고 있는 시점이다. 그런데 본 절에 선지자가 나오고 성도들이 나온다. 여기서 성도들은 역사적으로 순교한 모든 성도들을 말하고 선지자는 구약의 하나님의 종들을 말하는데 이들은 이미 공중 재림에 참여하고 있다. 그런데 지금 대접재앙을 시행하는데 성도들과 선지자가 등장하는 이유는 이사야서 49장 26절을 반영해 하나님은 반드시 피 흘리게 한자에게는 피 흘리게 죽게 한다는 말씀을 관용어적으로 반영해 그동안 선지자들과 성도들이 마귀에게 당해 억울하게 피 흘렸는데 지금이 바로 그 보응하는 때라는 것을 강조하기 위해서이다. 즉 역사적으로 모든 피 흘리게 한 것에 대하여 지금 대접재앙을 통해 보응하고 있다는 말이다.

"그들에게 피를 마시게 하신 것이 합당하니이다 하더라"하며 물을 담당한 천사가 지금 물을 피로 만들어 그 피를 악인들에게 마시게 함으로 보응하는 것은 합당한 처사라는 것이다. 왜냐하면 눈은 눈으로 이는 이로 갚는다는 말씀을 이루시고 계시기 때문이다. 한마디로 사49:26절을 지금 이루시고 계시기 때문이라는 것이다. 그런데 이런 재앙에서 성도들은 열외 되고 '그들'인 우상 숭배와 표를 받은 자들만 마신다고 하고 있다. 이 말의 헬라어는 '카이 하이마(피) 아우토이스(3인칭 대명사=그것들에게) 데도카스(디도미=주다) 페인(피노=마시다)'로 그 뜻은 "피를 그들에게 마시게 주었다"라고 되어 있는데 여기서 '아우토이스'는 3인칭 대명사로 666표를 받은 자들과 우상 숭배자들만 말하는 말이다. 그러므로 성도들은 이 재앙에서 열외가 되었다. 또한 '데도카스 페인'은 완료형으로 '마시도록 주어진'이란 의미이다. 이 완료형은 하나님의 심판으로 초래된 결과가 한시적인 것이 아니라 영원히 마시게 한다는 것이다. 이는 영원히 지옥에서 피 흘리는 고통을 당하게 보응한다는 말이다.

관용어적으로 666표를 받은 자와 우상 숭배자들만 바다와 강과 샘의 피를 마시게 한 것은 역사적으로 성도들을 피 흘리게 한 것에 대해 보응이다.

순교자들의 기도처인 번제단

계시록 16장 7절을 보면 "또 내가 들으니 제단이 말하기를 그러하다

주 하나님 곧 전능하신 이시여 심판하시는 것이 참되시고 의로우시도다 하더라"하며 "또 내가 들으니"하고 있는데 5절에서는 물을 담당한 천사의 말을 요한이 들었는데 본 절에서는 요한이 제단에서 말하는 소리를 들었다. 제단은 전삼년반이나 후 삼년반이나 할 것 없이 순교자들의 기도장소이다. 여기서 제단은 '뒤시아스테리온'으로 번제단을 말한다. 순교자들의 기도처를 계시록에서는 언제나 제단이라 하는데 번제단은 희생 제물(번제)을 드리는 장소로 순교자들의 죽음도 이런 희생 제물로 드려진 것이기에 순교자들의 처소를 말할 때는 언제나 제단으로 말하고 있는 것이다. 그러나 실제로 순교자들이 있는 거처는 유리바닷가인 낙원에 있다(계15:2). 다시 말해 제단은 순교자들의 거처에 대한 관용어인 것이다. 이 부분은 저의 책 계 6:9절과 계 15:2절을 반드시 참고하기 바란다. 이렇게 45일 재앙인 대접재앙에서 순교자들의 찬양이 나온 이유는 일곱 대접 재앙이 순교자들의 기도 응답이기 때문이다.

"심판하시는 것이 참되시고 의로우시도다"하고 있는데 이 말의 헬라어는 '알레디나이(알레디노스=참된, 진실한) 카이 디카이아이(디카이오스=공정한.의로운) 하이 크리세이스(크리시스=재판, 정죄, 심판) 수(2인칭 당신의)'로 그 뜻은 '당신의 정죄는 참되고 공정하다'라는 말로 대접 재앙으로 불신자들을 심판하는 눈은 눈, 피는 피로 신원해 주는 것이기에 참되고 의로운 것이라는 말이다. 그런데 여기서 참되다는 말의 '알레디노스'는 말씀에 있는 그대로 심판하시는 것을 말하는 말이고, '디카이오스'는 공정하다는 말로 이는 공평한 심판이라는 말이다. 그러므로 이 두말을 한마디로 하면 하나님은 공평하시기에 말씀에 있는 그

대로 심은 대로 거두게 하신다는 말이다.

관용어적으로 제단인 번제단은 순교자들의 거처에 대한 관용이다. 그러나 실제로는 낙원인 유리바닷가에 거하고 있다.

해가 사람을 태운 이유

계시록 16장 8절을 보면 "넷째 천사가 그 대접을 해에 쏟으매 해가 권세를 받아 불로 사람들을 태우니"하며 5~7절의 찬양이 끝나자 큰 재앙이 전개되어 네 번째 대접 천사가 대접을 쏟자 해가 사람들을 태우기 시작한다.

에덴동산은 고온 다습하고 평균 기온이 섭씨 25도 였다. 그런데 이렇게 섭씨 25도에 고온 다습하면 사람들이 생활하기에 가장 적당한 온도라 한다. 천년왕국은 에덴동산을 모델로 한 곳이며 에덴 동산이 완벽히 회복된 곳이다. 천년왕국을 계 11:15절과 계 14:20절에서 언급했듯이 천년왕국은 이 땅에서 건설된다. 이 천년왕국에서 노아홍수전과 같이 1000년을 살려면 그 때의 환경과 기온을 회복해야 한다. 그래서 천년왕국때 지구 온도를 섭씨 25도에 고온 다습하게 만들기 위해 해가 거리조종을 해야 한다. 본 절은 이런 해의 거리조종 과정에서 사람들이 화상을 입고 죽게 된 것이다. 그리고 섭씨 25도 이상을 만드는 과정에서 바다와 강과 물의 온도가 상승해 플랑크톤(미네랄과 염분이 타서)이 죽어 적조 현상이(홍차라떼) 나타나 물이 피로 변하게 된 것이다. 그 결과 본장 2~7절의 재앙이 온 것이다.

"해가 권세를 받아 불로 사람을 태우니"라는 말의 헬라어는 '카이 에도데(디도미=주다) 아우토(3인칭 대명사) 카우마티사이(카우마티조=사르다) 투스 안드로푸스(사람) 엔(로.안) 퓌리(불)'로 그 뜻은 '불로 사람들을 사르도록 그에게 주었다'라는 말로 해가 사람을 태웠다는 말인데 본래 해는 사람을 태워 죽이게 창조된 것이 아니라 사람에게 하나님의 일반은총을 내리게 창조 되었는데 해가 일사병, 열사병, 화상, 피부암으로 사람을 죽이기에 마치 해가 죽이는 권세를 받은 것 같이 보이는 것이다. 그런데 여기서 '사람들'할 때 사람 앞에 정관사 '투스'가 붙음으로 이는 어떤 특정한 사람만 태우게 되는데 그 특정한 사람들은 불신자들을 말한다.

관용어적으로 해가 사람을 태어 죽인 이유는 천년왕국을 건설하는 과정에서 해가 거리조종을 하면서 불신자들에게 나타난 현상이다.

계시록은 사랑의 복음서이다.

계시록 16장 9절을 보면 "사람들이 크게 태움에 태워진지라 이 재앙들을 행하는 권세를 가지신 하나님의 이름을 비방하며 또 회개하지 아니하고 주께 영광을 돌리지 아니하더라"하고 있는데 8절 해가 권세를 받아 불로 사람들을 태우니 본 절에서는 사람들이 크게 태움에 태워졌다고 하고 있고 있다.

'사람들이 크게 태움에 태워진지라'하고 있는데 이 말의 헬라어는 '에카우마티스데산(불태우다, 불사르다) 호이 안드로포이(사람) 카우마(열.불태움) 메가(큰)'로 그 뜻은 '큰 불태움으로 그 사람들을 불살랐다'라는 말로 여기서'태워진지라'라에 해당하는 '에카우마티스데산'은'불태우다, 불사르다'의 단어'카우마티조'의 부정과거 수동태로 실제로 사람들의 살갗이 타 들어가고 있는 비참한 형국을 그대로 표현한 말이다.

그런데 혹자는 본 절과 계시록 7장 16절의 "그들이 다시는 주리지도 아니하며 목마르지도 아니하고 해나 아무 뜨거운 기운에 상하지도 아니하리니"라는 '해나 아무 뜨거운 기운'이 본 절과 같은 말로 생각해 계시록 7장 16절이 대접재앙이라 하는데 그렇지 않다. 물론 계시록 7장16절의 '뜨거운 기운'이 본 절과 같은 헬라어 단어인 '카우마'로 쓰고 있지만 계시록 7장 16절의 "카우마"는 열풍인 뜨거운 기운을 말하지만 본 절의 '에카우마티스데산'은 '불태우다, 불사르다'의 단어 '카우마티조'의 부정과거 수동태로 실제로 사람들의 살갗이 타 들어가고 있는 비참한 형국을 말한다. 왜냐하면 계시록 16장 8절에 '해가 권세를 받아 불로 사람들을 태우니'하며 본 절의 주어가 계시록 16장 8절의'해'로 나오지만 계시록 7장 16절의 주어는 '동풍'으로 나오기 때문이다. 그러므로 본 절과 계시록 7장 16절의 환난은 그 강도 면에서 완전히 다른 환난인 것이다.

"회개하지 아니하고 주께 영광을 돌리지 아니하더라(9절)"하고 있는데 이 말의 헬라어는 '카이 우(결코~않다) 메테노에산(메타노에오=회개) 두나이(디도미=주다) 아우토(3인칭 대명사 단수 그 남자에게) 독산(영광)'로 그 뜻은 '결코 회개하지 않고 영광을 그 남자에게 들이지 않았다'라고 되어있다. 이렇게 하나님이 이런 재앙들을 허락하신 이유는 하나님의 성품이 괴팍해서가 아니라 에스겔서 18장 21절~23절과 같이 고난을 통해 한 사람의 영혼이라도 회개하고 돌아와 구원 받게 하기 위한 하나님의 사랑과 배려 때문이었다(계 13:15 ; 14:9,11).

그런데 본 절을 자세히 보면 지금 시점이 지상 재림을 앞둔 후 삼년 반의 종장에 해당하는 부분이고, 또한 일곱 대접 재앙의 대상이 666표 받은 자와 우상 숭배자인데, 본 절을 보면 '회개하고 주께 영광 돌리지 않았더라' 하며 회개와 영광이 나온다. 다시 말해 우리는 666표를 받고 우상 숭배를 하게 되면 회개의 기회가 없고, 구원 받을 수 있는 기회가 없다고 생각하는데 그렇지 않다는 것이다. 왜냐하면 지금 시점에서 '회개하고 영광 돌리지 않더라'는 말이 나오기 때문이다. 만약 666표를 받은 자들에게 영원히 회개의 기회가 없다면 본 절에서 이런 말이 나오면 안 된다. 그런데 대접재앙 중에 회개라는 말이 나오고 있다. 이는 비록 666표를 받았다고 해도 아직까지 회개의 기회와 구원의 기회가 있다는 뜻이다. 그러므로 666표를 받으면 구원 받을 수 없고, 회개할 기회가 없다는 말은 잘못된 말이다. 왜냐하면 분명히 본 절을 보면 그들에게도 회개의 기회가 주어지고 있기 때문이다.

그렇다면 이런 회개와 구원의 기회가 666표를 받은 자들에게도 주어졌는데 본 절을 보면 '회개하지 않고 영광을 돌리지 않더라' 하고 나온다. 이는 회개의 기회가 주님이 지상 재림하시는 그 순간까지 주어졌 지만 그들이 믿지 않았기 때문에 그들이 그 기회를 살리지 못했다는 말 이다. 즉 이는 666표를 받으면 회개의 기회가 주어지지만 본인 스스로 회개 할 수 없는 회개 불능의 상태가 된다는 말이다. 주님은 그들에게 끊임없이 회개의 기회를 주시지만 그들이 666표를 받음으로 인해 그들 스스로 주님을 영접하지 않는 다는 말이다. 그러므로 결국 이 말은 666 표를 받으면 회개할 수 없고, 구원 받을 수 없다는 말이 된다. 왜냐하면 666표를 받으면 정신과 뼛속까지도 불신앙으로 가득 차있어 회개하고 싶은 마음 자체가 생기지 않기 때문이다. 그러므로 666표를 받으면 결국 회개할 기회를 주어도 회개를 안 하는 것이 아니라 못하는 것과 진배 없는 것이다. 이 부분은 본장 11절을 참고해 주길 바란다.

혹자는 계시록을 하나님의 무자비한 심판의 장이라 하는데 그렇지 않다. 오히려 사복음서와 같이 사랑의 복음서이다. 왜냐하면 인간 말종 같은 666표를 받은 자들과 우상 숭배자들에게 끝까지 회개의 기회를 주고 구원받을 수 있기 기회를 주시기 때문이다. 그러므로 계시록은 사 랑의 복음서인 것이다.

관용어적으로 계시록은 사복음서와 같은 사랑의 복음서이다. 왜냐 하면 끝까지 회개의 기회를 주시기 때문이다.

그 나라가 어두워지며 자기 혀를 깨물고

계시록 16장 10절을 보면 "또 다섯째 천사가 그 대접을 짐승의 왕좌에 쏟으니 그 나라가 곧 어두워지며 사람들이 아파서 자기 혀를 깨물고"하고 있는데 이 말을 현대어 성경으로 보면 "다섯째 천사가 대접에 든 것을 바다에서 올라온 짐승이 앉아 있는 의자에 쏟았습니다. 그러자 짐승의 나라는 흑암에 싸였고 고통에 못 이긴 그의 백성들은 혀를 깨물고 스스로 목숨을 끊으려고 하였습니다"라고 되어있다.

"짐승의 왕좌에 쏟으니"하며 다섯째 대접 천사가 대접을 짐승의 왕좌인 보좌에 대접을 쏟았다고 하는데 이 말의 헬라어는 '엑세케엔(엑케오=붓다) 텐 히알렌(대접) 아우투(3인칭 대명사=그) 에피(위에) 톤 드로논(보좌) 투 데리우(짐승)'로 그 뜻은 '짐승의 보좌위에 그 대접을 부었다'라고 되어 있는데 여기서 보좌인 '드로논'이 계시록 2장 13절의 버가모 교회에 대하여 말씀하실때 '사단의 권좌'인 '호 드로노스(보좌, 권좌) 투 사타나(사단)'에도 나타나고 있는데 계시록 2장 13절의 사단의 보좌(위)는 하나님을 대적하는 세상의 보좌들을 말하지만 본 절의 보좌는 이 권좌보다 더 포괄적이고 강력한 보좌를 말한다. 왜냐하면 용이 짐승에게 전 세계를 지배하도록 준 보좌이기 때문이다. 보좌의 본래적 의미는 하나님의 통치권을 말하는 말이고, 특별히 계시록에서 보좌가 나오면 이는 하나님의 심판을 의미하는 말로 쓰이고 있다.

'그 나라가 곧 어두워지며'하고 있는데 이 말의 헬라어는 '카이 에게네토(되다) 헤 바실레이아(왕국) 아우투(3인칭 대명사=그) 에스코토메네(스코토스=어둡다)'로 그 뜻은 '어둡게 되었다 그 왕국이'라는 말로 여기서 '어두어 졌다' 라는 말이 '스코토스'로 되어 있지 '좁호스'로 되어 있지 않다. 이는 '좁호스'가 칠흑 같은 어두움을 말한다면 '스코토스'는 요한복음 1장 5절과 같이 영적인 어두움을 말한다. 그러므로 이 말은 적그리스도의 나라가 영적으로 어두워져 자기들의 주인도 못 알아볼 정도가 되었다는 말이다. 이는 통치 말년에 내전이나 민란이 일어나 통치권이 약해짐을 말한다. 왜냐하면 대접재앙으로 그들이 고통을 당할 때 남겨진 성도들은 고센땅에서 안전하게 재앙 없이 지내는 것을 그들이 보고 이젠 짐승이 무슨 말을 해도 씨알도 먹히지 않을 정도가 되었다는 말이다. 그래서 주인을 잘 알아보지 못할 정도로 영적으로 어두워졌다는 말이다. 이를 역사적으로 볼 때 적그리스도의 상징인 주전 164년 시리아의 8대왕 안티오쿠스 4세 통치 말년에 곳곳에서 반역이 일어났던 것 같이 지금 반역 사건이 일어나고 있다는 말이다.

'사람들이 아파서 자기 혀를 깨물고' 하고 있는데 이는 해의 거리 조절로 인해 일사병과 열사병과 종기인 피부암으로 인해 통증이 심해져 혀 깨물고 자살할 정도가 되었다는 말이다. 우리가 고통스러울 때 혀 깨물고 죽고 싶다고 하는 것 같이 적그리스도에게 속한 자들도 지금 대접재앙으로 인해 그렇게 죽으려 하고 있고 또 실제로 그렇게 죽기도 했다는 말이다.

관용어적으로 그 나라가 곧 어두워지며 사람들이 아파서 자기 혀를 깨문다는 말은 적그리스도의 통치 말년에 약간의 반역이 있을 것을 암시하는 말이며 또한 혀를 깨문다는 말은 자살을 의미하는 말이다.

하늘의 하나님을 비방함

계시록 16장 11절을 보면 "아픈 것과 종기로 말미암아 하늘의 하나님을 비방하고 그들의 행위를 회개하지 아니하더라"하고 있다. "아픈 것과 종기로 말미암아"라는 말의 헬라어는 '포논(포노스=수고,고통) 아우톤(3인칭=그들에게) 카이 에크(로 부터) 톤 엘콘(헬코스=종기) 아우톤'로 그 뜻은 '고통과 종기로 말미암아'라는 말로 본장 2절에 생긴 악성종기인 암이 전 세계의 기온이 섭씨25가 되기 위한 태양의 거리 조종으로 인해 그 종기가 더 심해져서 아주 고통스러웠다는 말이다. 2절에서 언급했듯이 혹자는 이 종기가 666표를 받은 곳에서 생기기 시작했다고 한다.

'하늘의 하나님을' 이 말은 다니엘 2장 44절을 반영한 것으로 하나님의 권위를 강조하는 관용어적 표현이다. 반영이라는 말의 뜻을 자세히 알려면 저의 책 계시록 10장 9절을 참고하라.

"그들의 행위를 회개하지 아니하더라"하고 있는데 9절과 같이 하나님은 회개할 기회를 주었지만 그들은 회개를 하지 않는다. 여기서 회개하지 못하는 것과 회개하지 않는 것은 약간의 차이가 있다. 못하는 것은 회개하고 싶지만 다른 어떤 외부적인 지배로 인해 회개하고 싶지만 못하는 것이고, 안하는 것은 본인 스스로의 신념을 지키기 위한 아집으로 본인 스스로 하지 않는 묵비권을 말한다. 그런데 본 절은 본인 스스로의 신념으로 인한 아집으로 안 한다고 되어 있다. 이렇게 666표와 우상 숭배가 무서운 것이다. 왜냐하면 666표를 받으면 정신과 뼛속까지 불신앙으로 가득 차있게 되어 회개하지 않기 때문이다. 그러므로 666표를 받으면 결국 회개할 기회를 주어도 회개를 안 하는 것이 아니라 못하는 것과 진배없는 것이다. 이 부분은 본장 9절을 참고해 주길 바란다.

관용어적으로 666표를 받은 자들에게 9절과 같이 하나님께서 회개의 기회를 주셨지만 그들의 불신앙으로 인해 끝까지 회개하지 않는다는 말이다.

유브라데 강물이 마르다.

계시록 16장 12절을 보면 "또 여섯째 천사가 그 대접을 큰 강 유브라데에 쏟으매 강물이 말라서 동방에서 오는 왕들의 길이 예비되었더라"하며 여섯번째 재앙은 유브라데 강물이 말라서 동방에서 오는 왕들의 길이 예비되어(12절 본 절) 온 천하의 임금들이 하나님을 대적하여 싸우려고 아마겟돈이라는 곳에 모인다(본장 14절).

이 여섯째 대접 재앙과 여섯째 나팔의 재앙(계 9:14)이 유브라데 강을 중심으로 벌어질 전쟁에 대해서 언급했다는 점에서 서로 유사하다. 그러나 두 재앙 사이에 차이를 보이는 면이 있는데 첫째로 계 9:14절은 사람 3분의1를 죽이는 전쟁이지만 본 절은 하나님을 대적하는 전쟁이고, 둘째로 계 9:14절은 적그리스도가 동방인 바벨론을 정복하기 위해 유브라데 강을 넘는 것이지만 본 절은 유브라데 강물이 마르자 동방의 왕들과 세계 모든 왕들이 강을 넘어 아마겟돈으로 집결하는 것이고(본장14절), 셋째로 계 9:14절은 네 결박한 천사가 풀려나 전쟁이 났지만 본 절은 그런 천사가 없다. 그러므로 본 절과 계 9:14절은 완전히 다른 양상의 전쟁이다.

'유브라데강'은 터키와 시리아를 지나는 강으로 이 강을 사이에 두고 동방과 서방이 나누어진다. 관용어적으로 유브라데강은 하나님이 전쟁으로 어느 나라를(시리아.이스라엘) 심판 하신다 할때 유브라데강을 넘는 것으로 묘사 했고, 유브라데 강이 흘러넘치는 것은 강력한 군대가 침략하는 것으로 곧 전쟁을 의미하는 말로 사용되었다. 이 부분은 저의 책 계9:14절을 반드시 참고하기 바란다.

'강물이 말라서' 이 말의 헬라어는 '카이 엑세란데(크세라이노=건조시키다) 토 휘돌(물) 아우트(3인칭 대명사=그)'로 그 뜻은 '그 강물이 건조해 졌다'라는 말로 유브라데 강을 넘는 것을 관용어적으로 전쟁으로 여겼다면 강물이 말라서 넘었다는 것은 대규모의 군대가 용이하게 이동했다는 뜻이다. 왜냐하면 강물이 있으면 아무래도 많은 군대가 이동하기 용이하지 못하지만 강물이 마르면 군대의 이동이 용이하기 때문이다. 이렇게 옛날 전쟁에서는 강물로 인해 전쟁이 지장을 받을 수 있었지만 현대전은 강물이 있으나 없으나 전쟁을 하는데 있어 아무런 문제가 되지 않는다. 그러므로 유브라데 강물이 말랐다는 말을 관용어적인 뜻인 대규모 군대가 침략했다는 말로 해석해야 한다. 본장 20~21절에서 말하겠지만 45일 대접 재앙이 전 세계적으로 동시 다발적으로 일어난다. 이 일로 인해 온 지구는 대 지각변동이 일어나게 되고 산이 평지가 되는데 이때 유브라데 강도 평지로 변하게 된다. 이렇게 평지가 되자 동방의 왕들이 군대를 이끌고 오는데 어떤 지장도 받지 않게 되어 아마겟돈에 집결하게 된다. 뒤에서 다시 한 번 설명 드리도록 하겠다.(본장14절과 16절)

'동방에서 오는 왕들의 길이 예비되었더라' 하는데 이 말의 헬라어는 '헤토이마스데(헤토이마조=준비하다, 예비하다) 호 호도스(길) 톤 바실레온(왕) 톤 아포(로부터) 아나톨론(동쪽) 헬리우(해)'로 그 뜻은 '해 뜨는 동쪽으로부터 왕들의 길이 예비되었다' 라는 말로 아마겟돈으로 대규모 군대가 집결하기에 모든 환경이 다 조성되었다는 말이다. 이는 동방인 바벨론을 정복한 수니파 이슬람 세력이 아마겟돈 전쟁을 위해 집결하기 위해 모든 준비를 맞추었다는 말이다. 수니파 이슬람이 바벨론인 시아파 이슬람을 멸망시킴으로 이슬람 종교가 통일되어 이젠 이란 이라크도 수니파 이슬람이 된다. 그러므로 이 후로는 수니파 시아파로 이슬람이 구분되지 않고 통일 이슬람이 된다. 이렇게 동방의 왕들이 오는 길이 예비되었다는 말은 이란, 이라크를 중심으로 한 동방의 이슬람 왕들과 본장 14절 세계의 모든 이슬람 왕들이 아마겟돈으로 몰려온다는 말이다.

그렇다면 동방은 어디인가? 혹자는 동방하면 우리나라 중국을 연상하는데 우리나라와 중국은 동방의 끝인 극동 아시아이고 성경에서 말하는 동방은 이란과 이라크(이슬람)이다. 왜냐하면 동방박사에서 박사라는 말이 마고스라 해서 바벨론의 현자를 말하기 때문이고, 낙원이라는 말이 '파라데이소스'인데 이 말의 유래가 페르시아에서 유래가 되었기 때문이다. 이 부분은 본장 16절을 반드시 참고하기 바란다. 또한 동방에 대하여 구체적으로 알고 싶으신 분은 저의 책 '성경 보는 눈을 열어주는 창세기'를 참고해 주기 바란다.

관용어적으로 유브라데강은 전쟁을 말하는 말이고, 유브라데강을 넘는다는 말은 전쟁이 일어난 것을 말하고, 유브라강물이 넘치는 것은 강력한 나라가 침공한 것을 말하고, 유브라데 강물이 마른 것은 강력한 대규모의 군대가 이동하는 것을 말하는 말이다.

개구리 같은 세영

계시록 16장 13절을 보면 "또 내가 보매 개구리 같은 세 더러운 영이 용의 입과 짐승의 입과 거짓 선지자의 입에서 나오니"하고 있는데 이를 현대어 성경으로 보면 "나는 또 용과 짐승과 거짓 예언자의 입에서 개구리처럼 생긴 더러운 영 셋이 튀어나오는 것을 보았습니다"라고 되어있다.

"또 내가 보매" 이 말은 환상전환 관용구로 요한이 새로운 환상을 보았는데 그것은 세 더러운 영이 용과 짐승과 거짓 선지자의 입에서 나오는 것이었다.

'개구리 같은 세 더러운 영이' 이 말의 헬라어는 '프뉴마타(영) 트리아(3) 아카달타(아카달토스=더러운,불순한) 호모이아(호모이오스=같은, 유사한) 바트라코이스(바트라코스=개구리)'로 그 뜻은 '개구리와 유사한 더러운 세 영'라는 말로 여기서 '더러운'에 해당하는 헬라어 '아카다르타'는 '불결한'이란 의미로 신약성경에서 '더러운 귀신'을 말할 때 자주 사용되었다(막1:23 ; 3:11 ; 5:2). 그래서 14절에 이 영을 귀신이라고 말하는 것이다.

여기서 개구리는 유대인들에게 있어 부정한 동물이었을 뿐만 아니라(레 11:10, 41) 모세를 통해 애굽에 내린 재앙 중 하나이고, 구약 성경의 다른 곳에서도 재앙을 가져오는 동물로 묘사되어(출 8:5~11 ; 시 105:30) 유대인들은 관용어적으로 개구리는 재앙을 가져오는 동물로 여겼다. 이는 이 개구리가 아마겟돈이란 재앙을 몰고 올 것을 예측하게 하는 말로 결국 이 개구리 같은 영들의 활동으로 아마겟돈에 왕들의 군대가 집결한다.

또한 '같은'이라는 은유법을 사용함으로 이는 개구리는 아니고 단지 개구리 같은 행동을 한다는 말로 이는 개구리의 관용어적 특징인 더러운 귀신 같은 짓으로 재앙을 몰고 온다는 뜻이다.

"세 더러운 영" 여기서 세 더러운 영을 14절에 귀신의 영으로 나오기에 세 더러운 영은 귀신을 말한다.

"용의 입과 짐승의 입과 거짓 선지자의 입에서 나오니"하고 있는데 여기서 용과 짐승과 거짓 선지자는 사단의 삼위일체를 말하는 말로 하나님이 삼위일체 이신 것 같이 사단은 이 하나님의 삼위일체를 이미테이션 했다. 그런데 여기서 용, 짐승, 거짓 선지자의 입에서 세 영이 나왔다고 했는데 이 말은 용의 입에서 한 영이(귀신)이 나왔고, 짐승의 입에서 한영(귀신)이 나왔고, 거짓 선지자의 입에서 한영(귀신)이 나왔다는 말이다. 이는 하나님이 성령을 통해 역사하시고, 예수님도 성령을 통해 역사하신 것 같이 사단도 그들에게 있어 성령 같은 존재인 귀신을 통해 역사했다는 말이다. 이는 성령을 이미테이션(모방) 한 것이다. 그런데 여기서 귀신은 속이는 존재인데 용과 짐승과 거짓 선지자가 귀신을 통해 활동했다는 말은 사람들을 속이며 활동했다는 말이다. 그래서 본장 14~16절을 보면 이 귀신의 영들이 땅의 왕들을 속이기 위해 거짓 예언자들처럼 이적을 행할 뿐만 아니라 온갖 거짓말과 감언이설의 유혹하는 말로 하나님을 대적하는 세력들을 결합시켰다고 하는 것이다.

　여기서 '용'은 일곱 머리 열 뿔을 가진 사단을 가리키고(계 12:3,9), '짐승'은 계시록 13장 1~10절에 등장하는 바다에서 올라온 짐승을 말하고, 거짓 선지자는 계시록 13장 11~17절에 언급된 '땅에서 나온 짐승'을 의미 한다.

　관용어적으로 사단은 하나님이 삼위일체이신 것 같이 용, 짐승, 거짓 선지자해서 삼위일체를 이미테이션 했고, 하나님이 성령을 통해 역사하시는 것 같이 성령을 이미테이션해서 속이는 영인 귀신을 통해 사람들을 미혹했다는 말이다.

거짓 선지자들이란(계16:13)

　계시록 16장 13절을 보면 "또 내가 보매 개구리 같은 세 더러운 영이 용의 입과 짐승의 입과 거짓 선지자의 입에서 나오니"하고 있고, 마태복음 24장 11절을 보면 "거짓 선지자가 많이 일어나 많은 사람을 미혹하겠으며" 하며 말세에 거짓 선지자가 많이 일어난다고 했는데 여기서 거짓선지라란 헬라어로 "프슈도프로페타이"라는 말로 "거짓 선지자, 위장한 예언자, 종교적 사기꾼"을 말하는 말로 바벨론 프로시대 이전에도 이미 존재하고 있었고 그 후에도 존재했으며 예수님이 오실 때도 존재했고 그 이후와 현재에도 존재하고 있다. 거짓 선지자란 헬라어로 종교적 사기꾼이라는 말로 지금 말로 하면 사이비 교주라 할 수 있다. 사이비란 본질과 다른 가짜를 말하는 말로 쉽게 말해 사기꾼을 말하는 말이다.

　이런 사이비 선지자들은 어느 시대에나 존재했으나 시대에 따라 각각 다른 모습으로 가면을 쓰고 등장했다. 선지자들이 활동할 때는 거짓 예언을 하며 활동했고, 사도들이 능력을 행할 때는 거짓 능력을 행하며 활동했고(행 19:13), 예수님 시대에는 바리새운동을 하며 활동했고, 사도들 시대에는 예수를 믿어도 할례를 받아야 하며 율법을 지켜야 한다고 가르쳤고(행 20:30 ; 롬 16:17), 윤리와 도덕을 폐기하며 영지주의로 활동했고, 또한 예수님의 이름으로 이적을 행하며 영광을 누리기도 했다(행 8:9). 이들은 한결 같이 사람들을 좁은 길로(예수) 인도하지 않고, 넓은 길로(자신의 앞으로) 사람을 꾀어 이끄는 자들이었다.

계시록 20장 10절을 보면 "또 저희를 미혹하는 마귀가 불과 유황 못에 던지우니 거기는 그 짐승과 거짓 선지자도 있어 세세토록 밤낮 괴로움을 받으리라"하며 최후의 심판 때 마귀와 같이 불과 유황 못인 지옥에 들어간다고 하고 있다. 에스겔은 "너의 선지자들은 황무지에 있는 여우 같으니라(겔 13:4)"하며 거짓 선지자들을 여우로 비유하고 있는데 고대 근동 지방에서 여우는 관용어적으로 그 성격이 교활한 동물로서 황무한 곳이나 광야 등에 살았다. 이 여우는 종종 곡식이 자라는 때에 곡물을 해치므로 귀찮은 존재로 인식되었다(아 2:15). 거짓 선지자들을 여우에 비유한 것은 그들이 거짓되고 가증한 자들로서 하나님의 백성들을 속이고 영적으로 해를 끼치는 존재들이었기 때문이었다.

관용어적으로 거짓 선지자들이란 거짓 예언만 하는 자를 말하는 것이 아니라 시대에 따라 가면을 쓰고 각각 다른 모습으로 나타나 복음의 정신을 희석 시키는 자들을 말한다.

아마겟돈 전쟁에 참여하도록 기적을 일으키는 귀신의 영

계시록 16장 14절을 보면 "그들은 귀신의 영이라 이적을 행하여 온 천하 왕들에게 가서 하나님 곧 전능하신 이의 큰 날에 있을 전쟁을 위하여 그들을 모으더라"하며 본 절은 13절의 '더러운 영'의 속성을 나타낸다. 그들은 귀신의 영으로 이적을 행하여 세상 임금들을 현혹한다. 구약에서 이와 유사한 사건을 찾아볼 수 있다. 즉 거짓말하는 영이 선지자의 입에 들어가 아합 왕을 꾀어 전쟁을 일으키게 하였다(왕상 22:19~23).

"그들은 귀신의 영이라"하고 있는데 이는 사단이 성령을 이미테이션한 것으로 삼위 하나님이 성령을 초월하시지 않는 것 같이 마귀도 귀신의 영을 초월하지 않고 있다. 13절의 세 영을 본 절은 귀신의 영이라 하며 그 정체를 밝히고 있다.

"이적을 행하여" 이 말의 헬라어는 '포이운타 세메이아(이적, 표적)'로 이는 '표적을 행했다'라는 말로 전 세계 왕들인 지도자들이 믿지 않자 계시록 13장 13~14절의 불을 내리고 우상에게 생기를 주는 기적을 행해 아마겟돈 전쟁에 참여하게 한다. 아마 이렇게 정상(왕)들 앞에서 기적을 행한 존재는 적그리스도와 거짓 선지자일 것이다. 이들 적그리스도나 거짓 선지자가 기적을 행하는 시늉을 하면 배후에서 귀신들이 장난을 쳐 기적이 일어나게 했을 것이다.

"온 천하 왕들에게 가서"하고 있는데 이 말의 헬라어는 '바실레이스(왕) 테이 게스(땅) 카이 테스 오이쿠메네스(오이쿠메네=지구상의 육지부분,세상) 홀레스(홀로스=전체.모든)'로 그 뜻은 '모든 세상 땅의 왕들'이라는 말로 여기서 '홀레스'가 들어감으로 한 왕도 빠지지 않았음을 알 수 있다. 왜냐하면 전체를 말하는 말이 '홀로스'이기 때문이다. 이때 적그리스도와 거짓 선지자가 왕들을 찾아가 기적을 행해 현옥 시킨 후 명

분을 제시했을 것이다. 그것은 지구가 리모델링되어 천년왕국이 건설되었으니 천년왕국의 수도인 이스라엘을 차지하자하여 왕들에게 군대를 동원해 천년왕국을 차지하자 할 것이다.

 "전능하신 이의 큰 날에 있을 전쟁을 위하여 그들을 모으더라"하고 있는데 혹자는 계시록 6장 17절의 '큰 날'이 본 절의 여섯째 대접 재앙을 말한다고 하는데 그러나 계시록 6장 17절의 큰 날은 최후의 심판의 날을 말하는 날이지 본 절의 여섯째 대접재앙을 말하는 날이 아니다. 왜냐하면 본 절의'큰 날에 있을 전쟁을 위하여'라는 말의 헬라어가 '에이스(향하여) 호 폴레몬(전쟁) 테스 헤메라스(날) 에케이네스(곧.이것,저것=대명사.즉 랩기법임) 테스 메갈레스(큰) 투 판토크라토로스(판토클라톨=전능자)'로 '전능하신 이의 큰 그것의 날에 있을 전쟁을 향하여'라는 말로 '테스 헤메라스(날) 에케이네스(곧.이것,저것=대명사) 테스 메갈레스(큰)'로 큰 날에 정관사 두 개가 들어가 있지만 그러나 사이에 대명사(랩기법) '에케이네스'가 들어간 상태로 정관사 두 개가 붙어 있다. 그러나 계6:17절의 '큰 날이 이르렀으니'할 때 '큰 날은' 헬라어로 '헤(정관사) 헤메라(날) 헤(정관사) 메갈레(큰)'로 이는 문자적으로 '그 큰 그 날'이란 의미로 '날'과 '큰'앞에 정관사 '헤'가 각각 붙어 있어 '큰'이란 말을 매우 강조하고 있다. 그러나 본 절은 전쟁의 날을 다시 대명사(랩기법)로 설명하며 그 날이 큰 날이라 하고 있다. 이는 전쟁의 날이 큰 날임을 강조하고 있는 것이다. 다시 말해 본 절과 계시록 6장 17절과 비교할 때 본 절은 계시록 6장 17절에 비해 그 강도가 약하다는 뜻이다. 그러므로 계시록 6장 17절은 최후의 심판의 날을 말하는 것이고 본 절은 아마겟돈 전쟁만 말하는 날인 것이다.

관용어적으로 세 영은 귀신의 영으로 적그리스도와 거짓 선지자가 세계의 모든 지도자(왕)들을 찾아다니며 아마겟돈 전쟁에 동참할 것을 권유하며 이적을 행할 때 귀신들이 활동해 기적이 나타나게 해 결국 세상 모든 지도자들이 현혹되어 아마겟돈 전쟁에 참여하게 된다는 말이다.

내가 도적 같이 오리라

계시록 16장 15절을 보면 "보라 내가 도둑 같이 오리니 누구든지 깨어 자기 옷을 지켜 벌거벗고 다니지 아니하며 자기의 부끄러움을 보이지 아니하는 자는 복이 있도다"하고 있는데 주석가들은 본 절을 전후 문맥과 전혀 어울리지 않는 삽경이라 난해 구절로 취급하는데 계시록에서 이런 삽경은 없다고 생각해도 무방하지만 폭풍전야를 암시한다. 또한 본 절의 시점은 요한이 계시록을 쓰는 시점이다.

'도적 같이 오리니'하고 있는데 이 말은 공중 재림에 대한 관용어로 본 절은 공중 재림을 의미하는 말이다. 왜냐하면 "도적 같이"라는 말이 마 24:41~44절과 살전 5:2절과 계 3:2~4절과 계 3:18절에서도 반영된 말로 이는 공중 재림을 의미하는 말이기 때문이다.

"누구든지 깨어 자기 옷을 지켜 벌거벗고 다니지 아니하며"하고 있는데 여기서 옷은 관용어적으로 "신분과 천국에서의 관복"을 의미하는 말로 계 19:8절을 보면 옷인 세마포는 성도들의 옳은 행실이라 말한다. 그러므로 옷을 지켜 벌거벗고 다니지 않는 자란 도덕적, 윤리적, 종교적으로 흠이 없는 자를 말하고, 영적으로는 물과 성령으로 거듭나고 성령 충만한 성도들을 말하는 말이다. 이는 저의 책 계3:4절을 참고하라

"자기의 부끄러움을 보이지 아니하는 자는 복이 있도다"하고 있는데 부끄러움이란 누군가가 공중 재림에 참여하지 못하도록 출입을 금지 시켜 참여하지 못하는 것이 아니라 본인 스스로 공로인 옷이 없어 수치스러워 공중 재림에 참여하지 못하는 것을 말한다. 이는 마치 수치스러운 일을 행했던 분들이 스스로 부끄러워 집으로 돌아가지 못하고 다른 곳에서 배회하는 것과 같은 말이다. 성도들이 옳은 행실을(공로.옷) 하지 않으면 하나님이 반대해서가 아니라 스스로 수치스럽고 부끄러워 공중 재림의 문이 열려 있어도 스스로 참여하지 못하는 것이고, 또한 새 하늘과 새 땅의 문이 활짝 열려 있어도 스스로 더럽다고 생각해 새 하늘과 새 땅에 들어가지 못하고 천국에 머무르는 것이다. 그러므로 성도들이 이 땅에 살면서 옳은 행실(공로, 옷)을 해야 공중 재림에 참여하고 새 하늘과 새 땅에 들어가는 것이다. 그러므로 공로인 옷을 입고 있는 자들은 복이 있는 자들인 것이다. 왜냐하면 공중 재림에 참여 할 수 있기 때문이다.

관용어적으로 본 절은 삽경으로 요한이 계시록을 기록하는 시점에서 요한이 성도들에게 옳은 행실을 해서 공중 재림에 참여하고 후 삼년

반에 남겨지지 않도록 부탁하고 있는 말이다.

아마겟돈이란

계시록 16장 16절을 보면 "세 영이 히브리어로 아마겟돈이라 하는 곳으로 왕들을 모으더라" 하고 있는데 여기서 '세 영'은 헬라어로 '쉬나가겐(쉬나고=함께 인도하다) 아우투스(3인칭=그들, 왕들)'로 그 뜻은 "그들(왕들)을 모으더라"라는 말로 귀신의 영들이 그들을 아마겟돈으로 인도했다는 뜻인데 여기서 새 영은 용의 입과 짐승입과 거짓 선지자의 입에서 나온 귀신의 영을 말한다.

'아마겟돈이라 하는 곳으로 왕들을 모으더라' 하고 있는데 여기서 아마겟돈은 므깃도 언덕을 말하는 말인데 '아마겟돈'의 히브리어의 정확한 발음은 '하르 므깃도'이고, 헬라어로 '아마겟돈'이다. '하르 므깃도'는 '작은 산'이라는 뜻을 가지고 있다. 그래서 프리셉트 성경에서는 므깃도를 '므깃도 산'으로 번역하고 있다. 그런데 이 '므깃도'는 히브리어 '가다드'에서 유래된 것으로 '군대를 소집하는 장소'라는 뜻을 가지고 있다. 아마겟돈(므깃도)은 예루살렘에서 120킬로 떨어지고 나사렛에서 18킬로 떨어진 갈멜산 아래에 있는 50미터밖에 높지 않은 이스르엘 평야에 위치하고 있다.

그렇다면 왜 전 세계 모든 왕들이 군대들을 이끌고 집결했을까?(14절) 그것은 므깃도라는 뜻 자체가 '군대를 소집하는 장소'라는 뜻을 가지고 있기 때문이다. 아마겟돈 전쟁을 동방과 서방의 전쟁으로 동방의 중국이 서방을 침략하는 전쟁이라 하는데 그렇다면 왜 더 좋은 지역을 놔두고 이스라엘의 므깃도라는 좁은 곳에서 집결했겠느냐는 것이다. 이는 마치 다른 부부가 우리 집에 와서 부부 싸움하는 것과 같다. 그러므로 아마겟돈 전쟁은 동방과 서방의 전쟁이 아닌 장차 천년왕국의 수도가 될 이스라엘을 차지하기 위한 적그리스도와 남겨진 성도들과의(계 12:17) 전쟁이다.

이는 마치 마귀가 아담과 하와를 속이고 에덴 동산을 차지한 것 같이 어린 양과 남겨진 성도들과 싸워 이겨 천년왕국을 차지하기 위해 벌인 전쟁이다. 계시록 21장 1절을 보면 "또 내가 새 하늘과 새 땅을 보니 처음 하늘과 처음 땅이 없어졌고 바다도 다시 있지 않더라"하고 있는데 여기서 '바다도 다시 보이지 않더라'할 때 '바다'인 '달랏사'의 유래가 계시록 21장 1절에서는 가나안으로 되어있다. 그러므로 계시록 21장 1절을 다시 해석하면 이렇게 된다. "또 내가 새 하늘과 새 땅을 보니 처음 하늘과 처음 땅이 없어졌고 가나안도 다시 있지 않더라"하고 말이다. 이로 볼 때 가나안인 이스라엘 땅이 천년왕국의 수도가 될 것이 틀림없다. 왜냐하면 공중 재림에 참여하고 천년왕국에 있던 성도들이 천년 왕국후 새 하늘과 새 땅에 가보니 가나안(천년왕국의 수도가)이 보이지 않더라 하고 있기 때문이다. 초대교회 변증가이며 순교자인 저스틴(AD.110~165)은 "그리스도가 예루살렘으로 돌아올 것이며, 그곳에서 천년 통치를 시작할 것이라"했다. 이는 천년왕국의 수도가 예루살렘이 될 것을 염두에 두고 한말이다.

본장 12절을 보면 동방에서 오는 왕들의 길이 예비되었더라 하며 이 왕들이 동방으로부터 온다고 되어 있는데 앞서 언급했듯이 동방은 이란과 이라크를 말하는 말이다. 그러므로 이 말은 이란과 이라크를 중심으로 동방의 모든 이슬람의 왕들과 세계 모든 왕들이 몰려 온다는 뜻이다(14절). 그러므로 이 아마겟돈을 일으켜서 천년왕국의 수도인 이스라엘을 빼앗으려한 자들은 이슬람교도들인 것이다. 다시 말해 아마겟돈 전쟁은 이슬람과 예수님과 남겨진 성도들과의 전쟁이라 할수 있다. 이부분은 저의 책 본장 12절과14절과 계12:17절과 계14:20절을 반드시 참고 바란다.

"왕들이 아마겟돈에 모이더라"하고 있는데 우리는 종말의 전쟁이 아마겟돈에서 벌어지는 것으로 생각하는데 아마겟돈이란 군대를 집결하는 장소이지 전쟁의 장소가 아니다. 전쟁의 장소는 앞에서 언급한 것 같이 가나안 땅인 이스라엘이 될 것이다. 그래서 본 절에도 왕들이 아마겟돈에 모이더라 하고 있지 여기서 전쟁을 하고 있더라하고 있지 않는 것이다. 또한 계시록 17장 16절을 보면 바벨론을 멸망시키는데 10뿔인 이슬람 10개국이 동원 되어 계시록 9장 16절 2억의 군사가 동원되었지만 본 절은 이란과 이라크를 중심으로 한 동방의 모든 이슬람의 왕들(12절)과 세계의 모든 이슬람의 왕들이(14절) 다 동원됨으로 그 군사는 계시록 14장 20절을 보면 1.5미터로 300킬로 피가 흐른다고 함으로 그 숫자를 헤아릴 수 없을 것이다. 본장 12절에서 말씀 드렸듯이 이때는 이슬람의 수니파와 시아파가 통일이 이루어져 수니파 이슬람만 존재하기에 그냥 이슬람 종교인 것이다.

관용어적으로 아마겟돈은 전쟁의 장소가 아니라 군대 집결의 장소이다. 이란과 이라크를 중심으로 한 동방의 모든 이슬람왕들과 세계의 모든 왕들이 집결한 이유는 천년왕국의 수도인 가나안땅인 이스라엘을 점령하기 위해서였다.

큰 음성이 성전으로부터 나옴

계시록 16장 17절을 보면 "일곱째 천사가 그 대접을 공중에 쏟으매 큰 음성이 성전에서 보좌로부터 나서 이르되 되었다 하시니"하며 '그 대접을 공중에 쏟으매'하고 있는데 이 말의 헬라어는 '엑세게넨(엑케오=붓다) 텐 히알렌(대접) 아우투(3인칭 대명사) 에이스(향하여) 톤 아에라(아엘=공기, 공중)'로 그 뜻은 '공기를 향하여 그 대접을 부었다'라는 말로 여기서 공중(공기)은 마귀가 역사는 곳으로 마귀가 쫓겨난 땅으로 대기권인 공기가 있는 곳을 말한다(계 12:9). 이곳은 마귀가 역사하는 곳이기에 곧 공중에 쏟은 것은 마귀에게 결정적인 타격을 가했다는 말이다.

"큰 음성이 성전에서 보좌로부터 나서 이르되 되었다 하시니"하고 있는데 성전에서 음성이 나오면 하나님의 음성으로 이는 하나님으로부터 어떤 미션(특명)이 떨어진 것을 예고 하는 말인데 그 것도 큰 음성이 났다는 것은 전능자가 심령을 깨우는 요란한 소리로 지금 식으로 표현하면 주목하라는 뜻으로 뭔가 큰 사건이 일어날 것을 예고하고 있는 것이다.

"되었다"하며 하나님의 큰 음성이 성전으로부터 나왔는데 그 소리는 "되었도다"라는 말로 이 말의 헬라어는 '게고넨'으로 이는 '기노마이'의 과거 완료형으로 '성취하다' 또는 '완성하다'의 뜻으로 이는 '다 이루어졌다'는 말이다. 이는 이 일곱 번째 대접재앙으로 모든 재앙이 끝난다는 뜻이다.

관용어적으로 성전으로부터 큰 음성이 나온 것은 뭔가 큰 사건이 일어날 것을 예고하는 말이다.

대 천재지변이 일어남

계시록 16장 18절을 보면 "번개와 음성들과 우렛소리가 있고 또 큰 지진이 있어 얼마나 큰지 사람이 땅에 있어 온 이래로 이같이 큰 지진이 없었더라"하며 여기서 음성, 번개, 우렛소리는 형벌의 예고를 알리는 관용어 인데 여기에 지진이 동반되면 형벌의 집행으로 본 절에 지진이 동반되었기에 이제 형벌이 집행되기 시작 했다는 말이다.

"땅에 있어 온 이래로 이같이 큰 지진이 없었더라"하고 있는데 이는 천년왕국 건설을 위해 지금 땅을 리모델링하고 있는 중이라는 뜻이다. 이런 과정에서 대 천재지변인 지진이 나고 있는 것이다. 이것이 리모델링이란 증거는 지구가 생긴 이후에 이런 대 천재지변인 대지진이 처음이라 하고 있기 때문이다.

1차 대 지각변동은 지구를 천년왕국으로 리모델링하는 과정에서 일어난 대 지각변동으로 본장17~21절을 말하고, 2차 대 지각 변동은 우주를 지옥으로 리모델링하는 과정에서 우주적 대 지각변동이 일어난 계 6:12~14절을 말한다.

관용어적으로 지구가 생긴 이후에 이런 대 지진이 없었다는 말은 지구를 천년왕국(에덴동산)으로 리모델링 하고 있다는 뜻이다.

큰 성이 세 갈래로 갈라졌다.

계시록 16장 19절을 보면 "큰 성이 세 갈래로 갈라지고 만국의 성들도 무너지니 큰 성 바벨론이 하나님 앞에 기억하신 바 되어 그의 맹렬한 진노의 포도주 잔을 받으매"하고 있는데 여기서 '큰 성'을 혹자는 예루살렘이라 (계11:8) 주장 하기도 하고 또 다른 혹자는 앞의 큰 성은 예루살렘을 말하고 뒤의 큰 성은 바벨론을 말한다고 주장하지만 현대어 성경은 바벨론으로 해석하고 있고, 또한 헬라어 원어에서도 "호 폴리스 호 메갈레"라 하며 정관사 '호'가 폴리스와 메갈레 앞에 붙고 있음으로 이는 특정한 성인 뒤의 바벨론을 말하고 있다.

"세 갈래로 갈라지고"하고 있는데 이는 2차 바벨론 멸망을 말하는 것으로 바벨론이 하나님의 숫자 삼으로 갈자졌다는 것은 하나님께 천벌을 받고 완전히 무너져 제기 불가능하게 멸망했다는 뜻으로 1차 바벨론 멸망은 계 14:8절에서 있었고, 2차 바벨론 멸망은 본 절에서 있게 된다.

예레미야서 32장 29절을 보면 하나님께서 바벨론을 통해 유다와 예루살렘을 철저히 훼파한 이유가 나오는데 그것은 집집마다 그 지붕에서 바알에게 분향하며 다른 신들을 섬겼기에 그 섬기던 장소와 집을 훼파하다 보니 유다와 예루살렘의 모든 집이 다 훼파된 것으로 나온다. 이는 하나님께서 하나님을 잘 섬긴 집은 훼파하지 않으려 했는데 유다와 예루살렘 모든 집을 보니 한집도 빼놓지 않고 집집마다 다 바알을 숭배해서 그 결과 불가피 하게 전 예루살렘 집들을 훼파할 수밖에 없었다는 것이다.

이는 본 절에서 왜 바벨론이 세 갈래로 갈라졌는지 그 이유를 설명해 주고 있는 것이다. 그것은 바벨론 전 주민이 다 이슬람이라는 우상을 숭배했기 때문에 바벨론이 1차 2차에 걸쳐 멸망(훼파)했다는 말이다.

"만국의 성들도 무너지니"하고 있는데 이는 바벨론이 2차 멸망을 당할 때 1차 때처럼 바벨론만 멸망당한 것이 아니라 2차 바벨론 멸망 시는 "만국"인 세계 모든 도성들도 같이 무너졌다는 말로 이는 지구가 천년왕국으로 리모델링하는 과정에서 무너진 것이다. 여기서 '만국의 성들'이라는 말의 헬라어는 "하이(그들) 폴레이스(성들) 톤 에드논(민족.이방)"로 그 뜻은 '이 방의 그 성들'이라는 말로 이는 이방의 모든 도시가 무너졌다는 말이다. 즉 이 말은 바벨론 2차 멸망은 천년왕국 리모델링 과정에서 무너진 것을 말하지만 그 만국이 붕괴되기 시작한 것이 바벨론으로부터 시작되었다는 말이다. 다시 말해 바벨론이 먼저 리모델링 과정에서 무너지고 그 다음 모든 나라의 도시들이 무너지기 시작했다는 말이다.

"진노의 포도주 잔을 받으매"하고 있는데 여기서 포도주는 혼인 잔치 때 나오는 축제의 술로 계시록에서는 술이기에 부정적으로 쓰여 형벌 받는 것을 상징하고, 포도주의 잔을 받으매 할 때 잔은 액체나 내용물을 담는 그릇을 말하는데 그것을 받았다는 것은 곧 멸망이나 심판 받은 것을 말하는 말로 본 절에서 진노의 포도주잔을 받았다는 말은 바벨론이 천벌을 받고 세 갈래로 갈라진 것을 말하는 말이다.

관용어적으로 큰 성이 세 갈래로 갈라졌다는 말은 바벨론이 진노의 포도주를 받고 2차 멸망을 받았다는 말이다.

천년왕국으로 리모델링하는 과정에서 섬과 산악이 없어짐

계시록 16장 20절을 보면 "각 섬도 없어지고 산악도 간 데 없더라"하고 있는데 이 말의 헬라어는 "카이 파사(모든) 네소스(섬) 엡휘겐(휘고=피하다.사라지다), 카이 오레(오로스=산악, 산지, 산) 우크(결코~~않다) 휴레데산(휴리스코=보다)"로 그 뜻은 '모든 섬이 사라지고 결코 산악이 보이지 않더라' 하고 있다.

여기서 '네소스'와 '오레'는 두 가지로 번역이 되는데 하나는 산악과 큰섬을 말하고, 또 하나는 작은 동산과 작은 섬을 말한다. 그런데 본 절은 모든 섬과 산악으로 번역이 되고 있다. 그리고 '우크 휴레데산'으로 되어 있는데 여기서 우크는 '결코 ~않다'라는 완전부정어로 이 말은 산악이 결코 보이지 않았다는 말로 이는 산들이 보이지 않았다는 말이 아니라 큰 산악지역이 보이지 않았다는 말이다. 본 절은 천년왕국(에덴 동산 복원) 전에 있을 대 지각변동으로 큰 산악이 작은 동산으로 변했다는 것을 말하는 말이고, 모든 큰 섬이 작은 섬으로 변한 것을 말하는 말이다.

본 절이 이렇게 산악지대가 평지가 된 것을 말하고, 큰 섬이 작은 섬이 된 것을 말한다면 계시록 6장 14절은 우주의 지옥화를 말하는 것으로 본 절을 통해 산악지대가 작은 동산이 되고 큰섬이 작은 섬이 된 것을 지옥화가 될 때에는 작은 섬과 동산이 이동해 땅이 지옥으로 변하는 것을 말하는 말이다. 그래서 계시록 6장14절 '옮겨지매'라는 말을 이동을 의미하는 '키네오'로 쓰고 있는 것이다. 이 부분은 저의 책 계시록 6장 14절을 참고 하길 바란다.

그런데 본 절을 원어에서는 모든 섬과 산으로 되어있지만 제가 이렇게 모든 섬을 큰섬으로 해석하는 이유는 한글 개정과 개역 성경이 산을 산악으로 해석하기에 섬도 거기에 걸맞게 큰섬으로 해석한 것이다. 그런데 만약 여기서 산과 섬을 산악과 큰섬으로 해석하지 않고 산과 섬으로 해석하면 본 절이 난해 구절이 되어 해석이 불가능 하게 된다. 또한 본문의 뉘앙스상 산악과 큰섬으로 해석해야 해석이 더 자연스럽게 된다. 그래서 제가 본 절을 산악과 큰섬으로 해석한 것이다. 아무튼 확실한 것은 본 절은 천년왕국 전에 있을 사건이고, 계6:14절은 천년왕국이 끝난 후 우주가 지옥화 될 때 있을 사건이라는 것은 확실하다.

에덴동산 안에는 큰섬과, 에베르트산과 같은 산악은 없고 동산만 있었다. 그러므로 에덴 동산이 회복되기 위해서는 대 지각 변동이 일어나 산악이 없어져야 한다. 그래서 본 절에서 천년왕국으로 리모델링하는 과정에서 산악지대가 없어지고 에덴동산과 같은 동산만 있는 평지가 된 것이다.

관용어적으로 천년왕국으로 리모델링 하면서 큰섬과 산악이 없어지고 에덴동산과 같은 동산만 있는 평지가 되었고, 큰 섬이 사라지고 작은 섬만 있게 된 것이다.

무게가 34킬로나 되는 우박이 떨어짐

계시록 16장 21절을 보면 "또 무게가 한 달란트나 되는 큰 우박이 하늘로부터 사람들에게 내리매 사람들이 그 우박의 재앙 때문에 하나님을 비방하니 그 재앙 심히 큼이러라"하며 "또 무게가 한 달란트나 되는 큰 우박이 하늘로부터 사람들에게 내리매"하고 있는데 이는 짐승을 숭배하고 666표를 받은 사람들이 35킬로나 되는 우박으로 죽게 되는데 이때 고센땅만 빼놓고 전 세계가 산지옥이나 다름없는 아비규환이 될 것이다.

"사람들이 그 우박의 재앙 때문에 하나님을 비방하니 그 재앙 심히 큼이러라"하며 우박으로 인해 666표를 받고 우상 숭배하는 자들이 아마겟돈 전인 이 때까지도 회개하지 않는다는 말이다. 여기서 아마겟돈은 지구의 리모델링이 끝난 후 있게 될 사건이다.

관용어적으로 34킬로나 되는 우박이 떨어져 아비규환이 되지만 이 때까지도 666표를 받은 자들은 회개하지 않는다.

하존 요한계시록 4

제 5 강

계시록 17 장

I 계 17 장

바벨론에 대한 기초

계시록 17장 1절을 보면 "또 일곱 대접을 가진 일곱 천사 중 하나가 와서 내게 말하여 이르되 이리로 오라 많은 물 위에 앉은 큰 음녀가 받을 심판을 네게 보이리라"하고 있고, 예레미야서 50장 1절을 보면 "여호와께서 선지자 예레미야에게 바벨론과 갈대아 사람의 땅에 대하여 하신 말씀이라"하며 바벨론이 나오는데 바벨론은 구 바벨론과 신 바벨론으로 나누어지는데 구 바벨론은 창세기 10장 6~9절에 나오는 노아의 둘째 아들 함의 아들인 구스가 낳은 니므롯이 세운 B.C. 4000(혹은B.C. 3800)년경 나라를 말한다. 그를 가리켜 고고학적으로 B.C. 3800~3500년경 세운 바벨론 왕국의 시조라 말한다. 니므롯은 당시 창 10:9~11절을 통해 볼 때 처음에 메소포타미아나 갈대아 남부 지역인 (수메르) 시날 땅을 점령하고 시날 땅 안에 바벨,에렉, 악갓, 갈레 등의 성읍 4개을 세웠는데, 그 중 바벨지역은 바벨론왕국의 수도였고, 그 수도에 바벨탑을 쌓았고, 그 후 그는 북쪽으로 계속 진출하여 니느웨, 르호보딜, 갈라, 레센 등의 큰 성읍들을 건설하였다(창 10:10~12 ; 대상 1:10 ; 미 5:6). 다시 말해 지금으로 하면 이라크와 가나안 지역까지 점령해 바벨론 제국을 세우고 다스렸다는 것이다.

그의 아내는 세미라미스이며 그는 폭력으로 제국을 형성한 후 다시 정복 전쟁에 나갔다가 전쟁 중에 죽는다. 그의 이름의 뜻은 대적자라는 뜻을 가지고 있는데 이는 하나님의 대적자라는 뜻으로 사단이라는 뜻과 같은 뜻을 가지고 있다. 수메르인의 문서에 따르면 이 니므롯이 세운 바벨론이 1000년 정도 지속되다가 아카드의 사르곤 왕에 의해 B.C.2400년경 멸망당했다고 하는데 여기서 수메르는 바벨론 남쪽지역을 말하고, 바벨론 북쪽 지역은 아카드라 불렀다.

그 후 B.C. 2000년대 후반기에 우르의 제3왕조(B.C. 2150~2000년경)의 술기 왕이 바벨론을 점령한 뒤 그 후계자들이 계속 지배해 오다가 그 후 셈족 계열의 아모리 왕조가 침입해 도시를 점령하고 바벨론 제1왕조(고대 바벨론)를 연다. 그런데 여기서 많은 사람들은 니므롯에 대한 기록이 성경 외에는 발견되지 않는다고 해서 니므롯이 세운 바벨론은 신화적 존재로 여겨 구 바벨론으로 여기지 않고 함부라비왕(아모리 왕조의 후손)이 있던 나라를 구 바벨론으로 여긴다.

구 바벨론은 창세기 10장 6절, 16절에 보면 함의 아들로 구스와 가나안이 나오는데, 이 구스의 아들인 니므롯이 세운 바벨론을 성경은 구 바벨론으로 보는데, 역사가들은 함의 아들 가나안의 아들인 아모리의 후손이 세운 바벨론을 구 바벨론으로 본다. 다시 말해 이 아모리 족속의 후손인 함부라비가 속한 바벨론을 사람들은 구 바벨론으로 본다는 것이다. 이 아모리족속이 거주했던 지역이 메소포타미아인데 헬라어로 '메소'는 중간이라는 뜻을, '포타미아'는 강이라는 뜻을 가지고 있으며, 이 메소포타미아는 지리학상 중동의 유프라테스 강과 티그리스 강의 주변 지역(현재의 이라크, 시리아)을 일컫는 말이다. 이 아모리 족속들은 BC.1900년경에는 메소포타미아 전체를 장악하고 구 바벨론(역사가들이 말하는 구 바벨론)을 세우고, 300년간 존속했는데 역사가들은 이들이 세운 나라를 구 바벨론이라 한다. 이후 BC.1600년경까지 이들이 세운 구 바빌론은 티그리스·유프라테스 강 지역의 정치·상업의 중심지가 되었으며, 메소포타미아 남부지역 전체와 북으로는 아시리아를 포괄하는 지역을 점령해 거대한 제국이 된다. 이러한 발전에 가장 큰 공헌을 한 왕은 사람들이 말하는 구 바빌론 제1왕조 제6대 왕 함무라비다(BC.1792경~1750). 그는 분리된 도시국가들의 연합을 유도하고 과학과 학문을 발전시켰으며 유명한 법전을 공포했다. 함무라비가 죽은 후 사람들이 말하는 구 바벨론 제국은 계속 쇠퇴의 길을 걷게 된다.

그런데 예레미야서 50장 1절에서 말하는 바벨론은 느부갓네살이 세운 신 바벨론을 말하는 것으로 다른 명칭으로 갈대아인이라 부르는데 이들은 우르 남부에 정착해 있었던 반유목민 부족의 후손이었다. 여기서 우르는 아브라함의 고향으로 지금으로 하면 이라크 남부의 텔엘무카야 근처라 하는데 전설에 의하면 갈대아 우르는 에덴동산으로부터 19.3키로 떨어진 곳에 위치했다고 한다. 예레미야서 50장 1절의 '갈대아 사람'으로 번역된 히브리어 '카세딤'은 앗수르 서판에 의하면 '칼두'라고 불리기도 했다. 칼두는 유브라데 강과 티그리스 강 옆에 페르시아

만과 바벨론 남단 중간에 위치한 나라였고, 도시가 거의 없었다. 그곳 거민들은 소규모의 농축업과 수렵으로 생활했으며, 앗수르(지금의 시리아)에 대해 반감을 가지고 있었다. 그러다가 나보폴라살이 B.C.625년에 니느웨를 점령하여 갈대아 왕조를 창건하였고, 그의 아들 느부갓네살에 이르러서는 신 바벨론인들이라고 불리게 되었다.

성경의 증거에 의하면, 갈대아 인들은 아브라함의 형제인 나홀의 아들 게셋의 후손인데(창 22:22) 욥기1:17절을 보면 이들이 욥의 재산을 약탈해 간 것으로 나온다. 이스라엘 백성은 갈대아왕 느부갓네살왕 때 (B.C. 597) 20여년에 걸쳐 포로로 잡혀갔다(왕하25:1~8). 또한 그들의 공격성은 맹렬하였으므로 아무리 견고한 성벽이라도 그들의 공격을 막아낼 수 없었다고 한다. 또한 그들은 바람이 휩쓸듯이 빠르게 열방과 이스라엘을 정복한다. 하지만 그들은 자신의 힘을 절대적으로 의지하고 신격화하여 득죄하는 오만함을 드러내 결국 망한다.

느부갓네살이 세운 신 바벨론은 난공불락의 천혜요새로 성벽 높이가 100미터였고, 성벽은 두께 약 6.4미터였고, 그 바깥의 외부 성벽의 두께가 약 3.7미터였고, 기초가 11미터였고, 성곽의 둘레가 17.7Km에 달하는 거대한 성이었다. 이처럼 난공불락의 견고한 성읍도 B.C.539년 바사에게(페르시아) 하루아침에 멸망당하고 말았다(단11:2).

오늘날 고대 바벨탑의 유적으로 가장 유력시되는 탑이 두개 있는데 곧 므로닥탑이다(신들의 왕 또는 창조의 신이라 불리는 신을 섬기는 성전을 말함, 렘 50:2). 이 중 전자는 유프라테스 강 동쪽 기슭에 자리 잡고 있는데, 기초만 남아 있을 뿐 그 본래 구조와 형태는 알아 볼 수 없다. 그리고 후자는 유프라테스 강 서쪽 기슭에 위치하고 있는데, 역청과 벽돌로 된 구조물이 아직도 7층 높이로 남아 있다. 그런데 전자의 므로닥 탑의 흔적은 제 생각에는 성경에서 말하는 구 바벨론인 니므롯이 쌓은 바벨탑을 말하는 것 같고, 후자의 므로닥 7층탑은 신 바벨론의 느부갓네살이 쌓은 탑이 아닐까 생각한다. 또한 바벨론나라를 3개의 나라로 생각해야 하는데 첫 번째 나라는 니므롯이 세운 성경이 말하는 구 바벨론이고, 두 번째 나라는 함부라비가 통치한 역사가들이 말하는 구 바벨론이고, 세번째 나라는 느부갓네살이 세운 신 바벨론이다.

계17~18장의 서론

계시록 17장 1절을 보면 "또 일곱 대접을 가진 일곱 천사 중 하나가 와서 내게 말하여 이르되 이리로 오라 많은 물 위에 앉은 큰 음녀가 받을 심판을 네게 보이리라"하고 있다. 먼저 계시록 17~18장을 이해하려면 구약의 이사야서와 예레미야서와 에스겔서와 다니엘서를 이해하지 않으면 안 된다. 그래서 본 절에서는 이 부분을 간략하게 설명하고 본문을 진행하도록 하겠다.

첫째로 출바벨론

하나님은 모세를 통해서 가나안땅을 출애굽하게 하셨는데 이사야는 이런 출애굽이 바벨론에서도 있게 될 것인데 그것이 출 바벨론이라는 것이다. 모세 때는 모세가 그리스도가 되어 출애굽을 인도 했다면 이스라엘의 바벨론 포로 때는 고레스가 그리스도가 되어 출바벨론을 이끌게 될 것이라는 것이다. 그래서 이사야서 44장 28절에서는 고레스를 '나의 목자'라하고 있고, 이사야서 45장 1절에서는 고레스를 '기름부음 받은 그리스도라' 하고 있는 것이다. 모세 때는 모세를 통해서 하나님이 가나안땅으로 이스라엘 백성을 이끌었다면 바벨론 포로 때에는 고레스를 통해 천년왕국으로 이스라엘 백성(성도)을 이끈다는 것이다. 그래서 이사야서 65장 17절의 새 하늘과 새 땅은 계시록 21장 1절에서 말하는 새 예루살렘인 새 하늘과 새 땅이 아닌 천년왕국을 말하는 말이고, 계시록 21장 1절에서 말하는 새 하늘과 새 땅은 이사야서 66장 22절에서 말하는 새 하늘과 새 땅을 말한다.

둘째로 이사야서와 예레미야서와 에스겔서와 다니엘서를 정리하면

예레미야서는 바벨론 멸망에 대하여 다루는 책으로 예레미야는 바벨론이 멸망한 원인에 대하여 이스라엘 백성들을 죽인 죄 때문에 이제는 그들이 멸망당하는 것이라 말하고 있고, 이사야서는 앞에서 언급한 것 같이 천년왕국으로 출바벨론할 것을 말하는 책이고, 에스겔서에서 에스겔은 천년왕국과 새 예루살렘에서 살게 된 성도들이 이제는 구약의 율법의 적용을 받는 것이 아니라 새로운 율법과 새 계명을 가지고 천년왕국에서 살게 될 것을 말하는 책이고, 다니엘서는 후 삼년반의 주인공이 될 주전 168년의 시리아의 8대왕 안티오쿠스 4세에 대하여 이야기하는 책이다.

셋째로 역사상 니므롯과 같은 존재가 3명 있을 것이다.

창세기 10장 9절을 보면 니므롯이 나오는데 성경에서 니므롯과 같은 존재가 셋이 나오는데 첫째는 창세기16장 4절의 네피림족속이고, 둘째는 창10장의 구 바벨론을 세운 니므롯이고, 셋째는 후 삼년반의 주인공이 될 주전 168년의 안티오쿠스4세이다.

넷째로 마귀는 이미테이션(모방)하는 자이지 창조자가 아니다.

마귀는 모방하는 자이지 창조하는 자가 아니다. 그래서 천년왕국을 모방해 바벨론 나라를 세웠고, 주님의 신부인 성도를 모방해 음녀인 바벨론 종교를 세운 것이다.

다섯째로 바벨론 멸망은 나라의 멸망만 말하는 것이 아니라 신들의 멸망을 말하는 것이다.

이사야서 46장 1~2절, 21:9절을 보면 바벨론 멸망은 나라만 멸망하는 것을 말하는 것이 아니라 신들까지 멸망하는 것으로 나옴으로 현재 바벨론인 이라크가 멸망하는 것만 말하는 것이 아니라 바벨론 종교인 시아파 이슬람이 수니파 이슬람에 의해 멸망하는 것을 말한다. 다시 말해 계시록에서 바벨론 멸망은 바벨론 나라만 멸망하는 것을 말하는 것이 아니라 수니파 이슬람에 의해 시아파 이슬람이 멸망당하고 오직 통일된 이슬람만 존재하는 것을 말한다.

여섯째로 고레스에 대하여

앞에서 언급한 것 같이 이사야는 고레스를 기름부음 받은 종으로 그리스도와 같은 존재로 말하고 있고, 그의 포로해방 칙령서는 이스라엘까지 오는 통행증이었으나 이를 이사야는 대 지각변동으로 사막에 숲이 우거지게 하고 강물이 흐르게 하는 것이라 말하고 있다(사 35:1~10). 이사야는 고레스의 칙령이 곧 계 16:17~21절의 대 지각변동을 일으키게 했다고 말하고 있고, 바벨론 포로 되었던 이스라엘 백성이 가나안땅에 들어오는 것을 천년왕국의 수도로 돌아오는 것으로 표현하고 있다.

그렇다면 이런 그리스도의 모형인 고레스는 어떤 사람인가? 다니엘서 5장 31절과 6:1절을 보면 메데왕 다리오가 나오는데 그는 62세에 메데왕에 등극해 2년을 통치한다. 그는 페르시아의 초대왕 고레스의 장인이며 외삼촌이었다. 이런 다리오에게 고래스는 바벨론 통치를 2년 동안 맡긴 후 정복전쟁에 나간다. 정복을 마치고 돌아온 고레스는 장인으로부터 왕위를 넘겨받아 바사 즉 페르시아 초대 황제가 된다. 그는 즉위 1년에 이스라엘 백성들을 포로에서 해방 시켜주고, 즉위 2년에 예루살렘 성전을 건축하게 한다. 그리고 그는 페르시아를 9년 통치하고 죽는다. 그런데 성경은 이 고레스가 2년 동안 정복 전쟁을 벌 린 것을 공중 혼인 잔치에 비유하고 있고, 그가 돌아와 다리오로부터 왕위를 넘겨받은 것을 지상 재림으로 비유하고 있다. 그리고 그가 9년 통치한 것을 천년왕국기간으로 표현하고 있다. 왜냐하면 이사야는 고레스를 그리스도로 표현하고 있기 때문이고, 또한 에덴동산을 의미하는 낙원이라는 '파라데이소스'라는 말이 페르시아에서 유래가 되었기 때문이다. 그런데 이 에덴동산은 천년왕국을 의미하는 말이다.

일곱째로 계17~18장에서 말하는 바벨론과 음녀에 대하여

바벨론 나라란 니므롯(창 10:8~10)과 같이 하나님을 대적하는 나라를 말하고, 음녀는 니므롯의 아내인 세미라미스를 말하는데 이는 바벨론 종교(이슬람)를 말한다. 왜냐하면 세미라미스가 인류 최초로 종교를 만들었기 때문이다. 이 음녀인 세미라미스를 지금식으로 표현하면 시아파 이슬람을 말한다. 계시록 17~18장을 보면 바벨론과 음녀를 같은 존재로 보는데 왜냐하면 바벨론과 음녀는 한 몸이기 때문이다. 비록 바벨론나라와 종교가 가면을 쓰고 여러 나라 형태와 종교(이슬람)로 나타났지만 그러나 바벨론 나라와 바벨론 종교는 언제나 한 몸처럼 같이 움직이고 존재했다(2위 일체임). 이렇게 2위 일체이기에 바벨론 나라와 바벨론 종교는 서로 분리할 수 없는 존재인 것이다. 이는 마치 동전의 앞면과 뒷면 같은 존재이다. 그러므로 바벨론이 곧 음녀이고 음녀는 곧 바벨론이 되는 것이다. 이렇게 이 둘은 분리될 수 없는 하나인 것이다. 그래서 바벨론 나라로 하면 이라크가 되고, 음녀라 하면 바벨론에서 섬기는 종교인 시아파 이슬람이 되고, 음녀의 음행이라 하면 이슬람의 결혼제도를 말하는 것이다.

관용어적으로 계시록 17~18장의 바벨론은 이라크를 말하고 음녀는 바벨론 종교인 시아파 이슬람을 말하고, 음행은 이슬람의 결혼제도를 말하는 것이다.

바벨론 멸망의 시점

계시록 17장 1절을 보면 "또 일곱 대접을 가진 일곱 천사 중 하나가 와서 내게 말하여 이르되 이리로 오라 많은 물 위에 앉은 큰 음녀가 받을 심판을 네게 보이리라"하고 있는데 혹자는 계시록 17장은 종교적 바벨론 계18장은 정치 경제적 바벨론의 멸망을 말한다고 하지만 그러나 실제로는 계17장은 여덟 번째 머리와 열 뿔에 의해(본장 11~12절 참고) 16절 바벨론나라인 니므롯과 음녀인 세미라미스인 시아파 이슬람의 멸망을 다루고 있고, 18장은 이 계시록 17장 16절을 확대 해석(디테일)하고 있는 것이다. 또한 계시록 17장의 주제는 바벨론나라와 세미라미스라는 바벨론 종교가 가면을 쓰고 여러 형태의 나라와 종교(현재는 시아파 이슬람)로 나타났지만 결국 16절 망한다는 것이다.

"또 일곱 대접을 가진 일곱 천사 중 하나가 와서 내게 말하여 이르되"하고 있는데 계시록 1~2절은 고대 니므롯이 다스리던 바벨론나라의 음녀인 세미라미스에 대한 이야기(창 10:8~9)이다. 그런데 이 말의 헬라어는 '카이 엘덴(엘코마이) 에이스(향하여) 에크(밖으로) 톤 헵타(7) 앙겔론(천사) 톤 에콘톤(에코=소유.가지다) 타스 헵타(일곱) 히알라스(대접)'로 그 뜻은 '일곱 대접을 가지고 있는 천사가 밖으로 왔다'라는 말로 여기서 가진이라는 '에콘톤'은 '가지다,소유하다'라는 뜻을 가지고 있다. 그런데 이'에콘톤'이라는 이 한 단어 때문에 계시록 17~18장의 시점이 언제인지 확실하게 알 수 있는 단초가 되고 있다. 이 단어가 없었더라면 혹자들이 주장하는 것과 같이 본장과 18장의 바벨론 멸망이 대접재앙이 끝나고 나서 있었던 멸망이라는 말이 설득력이 있을 뻔 했다.

그런데 이 '에콘톤'한 단어 때문에 혹자들의 가설이 여지없이 무너지고 바벨론 멸망이 계시록 14장 8절 때 있었다는 것이 증명이 되는 것이다. 왜냐하면 본 절을 보면 일곱 대접천사가 지금 일곱 대접을 던지지 않은 상태인 일곱 대접을 가지고 있다고 말하고 있기 때문이다. 그러므로 바벨론 멸망은 계14:8절에서 일어났고 계17~18장은 그것을 디테일하게 설명하고 있는 것이다. 즉 바벨론 멸망은 대접재앙 전에 있었던 사건인 것이다. 그래서 제가 계시록 14장이 후 삼년반의 시간표라 했던 것이다. 이 부분은 저의 책 계시록 14장 8절을 참고하길 바란다. 본 절을 보면 일곱 대접 천사가 일곱 대접을 가지고 있다고 한다. 그러므로 정확한 시점은 계 15:7절 상태인 것이다. 왜냐하면 이때 생물 천사 중 하나가 일곱 대접을 7천사에게 주었기 때문이다. 그러므로 바벨론 멸망은 계14:8절에서 이루어졌고, 지금 시점은 계시록 15장 7절 시점인 것이다.

'많은 물 위에 앉은 큰 음녀가' 여기서 '물'은 15절을 보면 "세상 사람"이라 나오고 있는데 그것도 물이 많다고 함으로 이는 온 세상 사람을 말하고, "앉은"것은 지배를 말하고, '큰 음녀(폴네스)'는 니므롯의 아내 세미라미스를 말한다.

"큰 음녀가 받을 심판을 네게 보이리라"하고 있는데 이는 계17장 전체의 주제로 큰 음녀인 세미라미스가 가면을 쓰고 여러 형태로 나타났지만 결국 16절 망한다는 말이다.

관용어적으로 본장 1~2절은 고대 바벨론의 니므롯의 아내였던 세미라미스가 여러 형태로 나타났지만 결국은 망한다는 말이고 또한 지금 시점은 대접을 가졌기에 계15:7절의 시점인 것이다.

땅의 임금들과 땅에 사는 사람들

계시록 17장 2절을 보면 "땅의 임금들도 그와 더불어 음행하였고 땅에 사는 자들도 그 음행의 포도주에 취하였다 하고"있는데 여기서 "땅의 임금들"이란 바벨론의 니므롯이 최초로 하나님을 대적했는데 그가 즉석에서 천벌을 받고 죽지 않고 살아남자 수많은 니므롯 이후 왕들도 똑 같이 니므롯과 같이 하나님을 대적했다는 말이다.

"그와 더불어"하고 있는데 여기서 '그와'는 가면을 쓰고 여러 종교(현재는 이슬람이다)로 나타난 세미라미스를 말하고, "음행 하였고"라는 말은 "매음과 우상 숭배"를 했다는 말이다. "땅에 사는 자들"하고 있는데 여기서 땅에 사는 자들은 니므롯 이후에 왕들만 그녀와 음행한 것이 아니라 온 땅에 살던 모든 사람들도 역시 세미라미스와 음행했다는 말로 이는 매음(근친상간)과 우상 숭배를 말하는 말이다. 또한 "음행의 포도주"란 매음과 우상 숭배한 것을 말하고, "취했다"라는 말은 세미라미스인 매음과 우상 숭배에 빠졌다는 말이다.

관용어적으로 본 장 1~2절은 고대 니므롯과 세미라미스에 대한 이야기로 그들이 최초로 하나님을 대적하고 우상 숭배와 매음을 했는데 그들이 그렇게 했음에도 불구하고 즉결 심판이 이루어지지 않자 그후에 모든 왕들과 사람들도 니므롯과 세미라미스를 본 받아 하나님을 대적하고 우상 숭배와 매음을 했다는 말이다.

요한을 광야로 데리고 간 이유와 7머리 10뿔

계시록 17장 3절을 보면 "곧 성령으로 나를 데리고 광야로 가니라 내가 보니 여자가 붉은 빛 짐승을 탔는데 그 짐승의 몸에 하나님을 모독하는 이름들이 가득하고 일곱 머리와 열 뿔이 있으며"하고 있는데 본 절은 역사적인 일곱 머리 열 뿔의 배후에는 언제나 세미라미스라는(바벨론 종교과 매음) 여인이 배후에서 조종하고 있었다는 말이다.

"광야로(에레모스) 가니라"하고 있는데 광야는 관용어적으로 메시야의 도래적 장소이며 또한 마귀의 활동 무대를 말하는 곳으로 광야로 성령께서 요한을 데리고 갔다는 것은 사단의 활동무대로 데리고 갔다는 말로 이는 광야에서 역사하는 사단과 짐승에 대하여 더 깊이 다루기 위해 사단의 활동 무대의 중심으로 갔다는 말이다. 우리나라 격언에 호랑이를 잡으려면 호랑이 굴로 들어가야 한다고 한 것 같이 지금 호랑이 같은 일곱 머리 열 뿔을 자세히 다루기 위해 요한을 호랑이 굴인 광야로 데리고 간 것이다(레 16:10 ; 계 21:10 ; 겔 40:2).

"내가 보니" 이 말은 내용과 환상 전환 관용구로 아주 중요하다. 왜냐하면 1~2절이 니므롯과 세미라미스에 대한 이야기였다면 지금 부터는 짐승인 일곱 제국과 여인과의 관계만 말하겠다는 내용이기 때문이다.

"여자가 붉은빛(콕키노스=진홍색) 짐승을(데리온) 탔는데"하고 있는데 여기서 붉은색 짐승은 계시록에서는 적그리스도의 제국을 말하는 말로 애굽,바벨론,페르시아,그리스도, 시리아, 로마, 오스만 투루크를 말하는데 이들의 배후에는 매음하고, 우상 숭배 하게 한 여인이 언제나 있었다는 말이다(본장 9~11절 참고)

"그 짐승의 몸에 하나님을 모독하는(블라슙헤미아) 이름들(오노마)" 하고 있는데 역사적인 제국들은 다 하나같이 하나님을 모독했고, 마지막 일곱 번째와 여덟 번째 제국인 이슬람국가에서 나오는 적그리스도는 더 하나님을 모독한다는 말이다(계 13:1),

"일곱(헵타) 머리와(켑할레) 열 뿔이(케라스 데카) 있으며"하며 일곱 머리 열 뿔이라 함으로 이는 가면을 쓰고 나타난 일곱 제국과 열 동맹국은 본장 3절부터~10절까지 다루고, 여덟 번째 제국은 11절 이후에서 다루겠다는 말이다. 이 부분은 본장 9~11절을 참고 바란다.

관용어적으로 성령께서 요한을 데리고 광야로 간 이유는 광야는 일곱 머리 열 뿔의 '홈 그라운드'이기에 그 일곱 머리 열 뿔을 잘 설명하기 위해 데리고 간 것이다. 본 절부터 10절까지는 일곱 머리 열 뿔만 다루고 11절 이후부터는 여덟 번째 머리와 열 뿔에 대하여 다루게 된다는 말이다.

여자가 가지고 있는 금잔 속에 들어 있는 것

계시록 17장 4절을 보면 "그 여자는 자주 빛과 붉은 빛 옷을 입고 금과 보석과 진주로 꾸미고 손에 금 잔을 가졌는데 가증한 물건과 그의 음행의 더러운 것들이 가득하더라"하고 있는데 3절이 일곱 머리 열 뿔에 대한 보편적인 설명이라면 본 절은 일곱 번째 제국인 오스만 투르크 제국에 대해서만 설명하고 있다. 3절 부터 10절은 11절을 설명하기 위해 도입된 것으로 여덟 번째 머리를 강조하기 위해 일곱 번째 머리를 설명하고 있는 것이다. 왜냐하면 여덟 번째 머리는 일곱 번째 머리에 속했기 때문에 일곱 번째 머리를 잘 알면 여덟 번째 머리는 자동으로 알게 되어 있기 때문이다.

"자주 빛과 붉은 빛 옷을 입고"하고 있는데 이는 당시 사회에서 자주 빛과 붉은 색 옷은 부자나 왕과 같은 높은 신분의 사람들이 입었던 옷으로 이는 음녀가 큰 권세를 가지고 있었던 것을 말해준다. 또한 자주빛과 붉은 색 옷은 피를 상징하는 것으로 이는 오르만 투르크에 의해 터기에서 500만명의 기독교인들이 순교한 것을 말하기도 하며 동시에 종말의 때 많은 기독교인들이 이슬람에 의해 순교 당할 것을 말한다.

"금과(크뤼소스) 보석과 진주로(말가리테스) 꾸미고 손에 금잔을 가졌는데" 당시 이런 보석들은 사치를 상징하는 것들이었다. 이는 꽃뱀이나 창녀가 온갖 악세사리로 꽃단장을 한후 술잔을 가지고 유혹하듯이(5절 참고) 음녀인 이슬람 종교가 일곱 번째 머리인 오스만 투르크를 배후 조종했다는 말이다.

"손에 금잔을(포테리온="죽음의 잔") 가졌는데, 가증한(브델뤼그마) 물건과"하고 있는데 여기서 '가증한 물건'에 해당하는 헬라어 '브델뤼그마톤'은 주로 우상 숭배와 관련되어 사용되는 단어이기에 금잔 속에 들어 있는 것은 이슬람의 코란이 들어 있었을 것이다.

"그의 음행의(폴네이아=매음) 더러운 것들이(아카달토스) 가득하더라" 하고 있는데 여기서 폴네이아는 음행만을 뜻하는 단어이다. 그러므로 이 음행은 매음을 말함으로 이슬람 결혼 제도를 말한다. 또한 "더러운 것들"에 해당하는 헬라어 "아카다르타"는 신약성경에서 악한 영이나 (마 10:1 ; 12:43) 우상 숭배(고후 6:17), 그리고 제의(제사)적인 음행(엡5:5)에 사용되었다. 그런데 음녀가 들고 있는 금잔에 이러한 음행과 우상 숭배와 코란과 같은 것들이 들어있다는 사실은 음녀가 세상으로 하여금 하나님을 떠나 짐승과 사단을 숭배하도록 배후 조종 했고 음행하도록 배후조종 하는 존재였음을 말해주는 말이다.

예레미야서 51장 7절을 보면 바벨론 멸망의 이유가 나오는데 그것은 바벨론은 하나님께서 사용하시던 금잔이었다. 그런데 그 잔속에는 온 세상을 미치게 하는 술이 담겨져 있었는데 바벨론이 가는 곳마다 세계 만민에게 그 금잔의 술을 마시게 해 온 세상 사람들을 미치게 했기 때문에 바벨론이 멸망하게 된다는 것이다. 본 절도 그렇다 바벨론은 바로 그 금잔속에 들어있는 이슬람의 코란과 결혼제도로 사람들을 범죄 하게 해서 타락 시켰다는 것이다. 그러므로 그 죄 값을 받아야 하는데 그 죄 값이 바로 멸망이라는 것이다.

관용어적으로 꽃 뱀인 여자가 손에든 금잔 속에는 코란과 이슬람 종교와 이슬람 결혼제도인 매음이 들어 있었는데 그녀는 이 잔을 모든 왕과 백성들에게 먹여 결국 그들 모두를 타락시켰다는 말이다.

가증함에 대한 관용어

계시록 17장 4절을 보면 "그 여자는 자주 빛과 붉은 빛 옷을 입고 금과 보석과 진주로 꾸미고 손에 금 잔을 가졌는데 가증한 물건과 그의 음행의 더러운 것들이 가득하더라"하고 있고, 예레미야서 7장 30절을 보면 "여호와께서 말씀하시되 유다 자손이 나의 눈 앞에 악을 행하여 내 이름으로 일컬음을 받는 집에 그들의 가증한 것을 두어 집을 더럽혔으며"하며 예레미야 선지자가 남 유다 백성들이 성전에 가증한 것을 세워 이로 인해 바벨론 포로가 될 것임을 말하고 있는데 여기서 가증이란 말은 히브리어로 '쉬쿠츠'로서 구약에서 약 28회에 걸쳐 쓰인다. 대부분 이 말은 제사나 예배와 관련하여 하나님을 떠나 사악한 우상에게 마음을 빼앗겨 우상 숭배하는 것을 말하는데 하나님은 이를 간음 행위로 간주하고 계신다(겔 6:9).

또한 '가증한'이란 말에는 '토에바'라는 말이 있는데 이 말은 '혐오, 구역질 나는 것'이란 뜻을 가지고 있는데 이는 성경에서 '부정함'을 나타내는 말로도 쓰였으나 많은 경우에 있어서 성적 범죄(신 23:18 ; 24:4)나 특히 쉬쿠츠와 함께 우상 숭배 죄(신 13:14 ; 18:9)를 가리키는 경우에 사용되었다.

또한 가증한 이란 말이 '피굴'이라 해서 '불결하다, 악취를 풍기다, 더럽다'등의 뜻을 가진 '파갈'에서 파생된 말이 있는데 이를 문자적으로 해석하면 짐승의 고기나 시체가 썩어 '심하게 악취가 나는 상태'를 말하지만 실제적 의미는(사 65:4 ; 겔 4:14) 제사나 예배를 드릴 때 드리지 못할 짐승을 가지고 예배를 드리는 것은 불순종하는 제사나 예배라는 것이다. 다시 말해 불순종하는 예배는 하나님을 기쁘시게 하는 것이 아니라 오히려 하나님께 악취만 풍기는 헛된 제사나 예배라는 말이다(사 1:13).

또한 마태복음 24장 15절을 보면 "그러므로 너희가 선지자 다니엘의 말한 바 멸망의 가증한 것이 거룩한 곳에 선 것을 보거든 (읽는 자는 깨달을진저)"하며 신약성경에서도 가증한 이라 말이 나오는데 이는 헬라어로 '브델뤼그마'로 역시 혐오스러운 우상 숭배를 말할 때 쓰인다.

이렇게 신구약 성경에서 말하는 가증함이란 말을 종합해 보면 결국 가증함이란 말은 잘못된 제사나 예배나 우상 숭배와 관계된 용어로만 쓰이는 단어였다.

관용어적으로 가증함이란 우상 숭배로 인한 영적 간음을 뜻하는 말이다.

음녀의 다양한 이름들의 뜻은

계시록 17장 5절을 보면 "그의 이마에 이름이 기록되었으니 비밀이라, 큰 바벨론이라, 땅의 음녀들과 가증한 것들의 어미라 하였더라"하고 있는데 본 절은 음녀인 여인의 정체가 공개되고 있는데 그것은 비밀이고, 큰 바벨론이고, 땅의 음녀들과 가증한 것들의 어미라는 것이다.

"그의 이마에 이름이 기록되었으니'하고 있는데 이는 당시 로마의 창녀들이 자신들의 이름이 기록된 머리띠를 장식으로 이마에 두른 것을 요한이 표현한 것으로 이 여인은 4절에서 말한 것 같이 꽃뱀임에 틀림없다. 또한 계시록 14장 1절을 보면 "그 이마에 어린 양의 이름과 그 아버지의 이름을 쓴 것이 있도다"하는 것을 마귀가 모방하여 도용한 것을 말한다(계 13:16).

"그의 이마에 이름이 기록되었으니 비밀이라"이 말의 헬라어는 '카이 에피(위에) 토 메토폰(이마) 아우데스(3인칭) 오노마(이름) 게그람메논(그랍호=쓰다.새기다),뮈스테리온(비밀)'로 그 뜻은'그 이마 위에 이름을 새겼다. 비밀'이라는 말로 여기서 비밀인'뮈스테리온'은 누군가를 지칭하는 것 보다는 감추어졌다가 앞으로 계시될 비밀을 말한다. 이런 견지에서 공동번역에서는 본 절 전체를 '그리고 그 이마에는"온 땅의 탕녀들과 흉측한 물건들의 어미인 대바빌론" 이라는 이름이 상징적으로 기록되어 있었습니다' 라고 번역하며 비밀을'상징'으로 번역하고 있다.

그렇다면 이 여인의 이름을 왜 비밀(상징)이라 했을까? 왜냐하면 이 여자는 드러나지 않게 일곱 머리 열 뿔을 지금까지 배후 조종 했던 베일 속에 감추어져 있던 존재였기에 비밀이라 한 것이다. 이는 마치 박근혜 대통령 뒤에 실세인 최순실이 배후 조종한 것 같고 또한 세상을 지배하는 것이 남자하면 그 남자를 지배하는 것은 여자라는 말과 같은 말이다. 그러므로 그 뜻은 이 여자를 비밀로 하면 일곱 머리 열 뿔 뒤에 숨어서 조종한 자이며 앞으로는 여덟 번째 머리를 배후 조종할 자라는 말이다.

"큰 바벨론이라"하고 있는데 이 말의 헬라어는 '바벨론 헤 메갈레'로 그 뜻은 '그 큰 바벨론'이라는 말로 바벨론을 수식하는 단어가 '그 큰'이기에 여기서 그냥 바벨론하면 역사적으로 나타난 하나님을 대적한 여러 형태의 나라들을 말하지만 '큰'이라는 말과 정관사가 들어감으로 이는 큰 나라 즉 제국을 의미하는 말이다. 즉 여러 형태의 바벨론이 아닌 특정한 바벨론을 의미하는 말로 이는 제국을 의미하는 말이다.

이 제국들은 3절에서 말한 나라들이며 앞으로 9~11절에서 더 디테일하게 다루게 될 것이다.

"땅의 음녀들과"라는 말의 헬라어는 '헤 메텔(엄마) 톤 폴논(음행)'로 그 뜻은 '음행의 엄마'라는 말로 여기서 음행이라는 '폴논'은 본장4절을 보면 오직 음행으로만 해석되는 단어이고, 또한 모든 창녀들의 어미라는 뜻은 어머니는 모태인 시작을 의미하기에 창녀들의 시작이 이 어머니로부터 시작되었다는 말로 이는 이슬람의 결혼제도를 말하는 말이다. 물론 그 이전에도 음행이 있었지만 그러나 그 모든 음행(첩을 두는 것)은 비공식적으로 이로워진 음행이었지만 이렇게 공개적으로 수많은 여인들을 아내로 맞이할 수 있는 종교는 이슬람밖에 없기에 모든 음행의 어머니는 이슬람 종교밖에 없는 것이다. 그러므로 모든 음녀들의 어머니는 이슬람 결혼 제도를 말하는 것이다.

"가증한 것들의 어미라 하였더라" 이 말의 헬라어는 '카이 톤 브델뤼그마톤(가증한) 테스 게스(땅들)'로 그 뜻은 '땅들의 가증한 것'이라는 뜻으로 여기서 '브델뤼그마톤'은 4절을 보면 주로 우상 숭배와 관련되어 사용되는 단어라고 되어있다. 그러므로 여기서 가증한 것은 이슬람 종교를 말하는 것이다. 사실 이 세상에서 가장 가증한 종교는 이슬람밖에 없다. 왜냐하면 이슬람에게는 인권이나 자비가 없다. 현재 세계적으로 나타나는 테러분자들을 보면 이슬람의 잔혹성을 알 수 있다. 자기들의 종교를 믿지 않는다고 무자비하게 학살을 일삼고 있는데 이것이 얼마나 가증한 행위이냐 그러므로 가증한 것들의 어머니는 이슬람 종교밖에 없는 것이다.

관용어적으로 이 여인의 이름이 비밀이라는 말은 여덟 번째 제국을 배후에서 움직일 여자라는 말이고, 이 여인의 이름이 큰 바벨론이라는 말은 제국이라는 말이고 이 여인의 이름이 음녀들의 어머니라는 말은 이슬람의 결혼제도를 말하고 말이고, 이 여인의 이름이 가증한 것이라는 말은 이슬람 종교를 말하는 말이다.

요한이 놀란 이유

계시록 17장 6절을 보면 "또 내가 보매 이 여자가 성도들의 피와 예수의 증인들의 피에 취한지라 내가 그 여자를 보고 놀랍게 여기고 크게 놀랍게 여기니"하고 있는데 여기서 '내가 보매'라는 말은 환상이나 내용 전환 관용어이요 특별히 6~8번째(로마, 오스만 투르크, 이슬람)제국에 의해 많은 순교가 있었다는 말이다. 왜냐하면 "취한지라"라는 말이 현재 가정법 능동태 3인칭 복수이기 때문에 이는 요한시대로 부터 미래를 말하기 때문이다.

"여자가 성도들의 피와 예수의 증인들의 피에"라는 말의 헬라어는 '하기오스(거룩한=성도) 카이 에크(에) 투아 히마토스(피) 톤 말뒤론(증인) 이에수(예수)'로 그 뜻은 '예수의 증인들의 피와 성도들'이라는 말로 여기서 성도들이란 구별된 자들로 일반적으로 성령 받은 자들을 말하는 관용어이고, 증인들은(행 1:8) 순교를 각오하고 복음을 증거한자들을 말하는 관용어인데 본 절에서 여자가 성도들의 피와 예수의 증인들의 피에 취했다고 함으로 이는 로마제국과 오르만 투르크제국과 이슬람 제국의 배후 조종자인 여자에 의해 성도들이 수도 없이 순교 했고 앞으로 도 하게 될 것이라는 말이다. 왜냐하면 피에 취했다는 말은 죽였다는 말과 죽일 것이라는 말이기 때문이다.

"취한지라" 이 말의 헬라어는 '메뒤우산'은 '술취하다,잘마시다,피로 취한자'라는 뜻을 가진 '메뒤오'의 현재 가정법 능동태 3인칭 복수인데 이는 구약성경에서는 피에 굶주려 폭력을 행사하는 것을 나타내는 어구로(사34:5), 이는 현재 극심한 박해를 시사하는 말인 동시에 앞으로도 극심한 박해가 있을 것이라는 말이다. 그러므로 이 여자는 역사적인 제국의 배후에 숨어서 믿는 성도들을 무수히 많이 박해하게 한 장본인이며 또한 요한 시대 이후 앞으로 있게 될 7~8번째 제국의 배후에서 성도들과 증인들을 수도 없이 많이 순교하게 할 것이라는 말이다.

"내가 여자를 보고 놀랍게 여기서 크게 놀랍게 여기니"라는 말의 헬라어는 '카이 에다우마사(다우마조=이상히여기다), 이돈(호라오=보다) 아우텐(3인칭 댐여사), 다우마(경이.놀랄만한) 메가(크게)'로 그 뜻은 '이상히 여겼다. 그 여자를 보고 크게 놀랐다'라는 말로 이는 요한이 그 여자를 보고 매우 놀랐음을 시사하는 말이다. 요한이 이렇게 놀은 이유는 아마도 1절에서 천사가 음녀가 받을 심판을 보여 주리라 했기에 이젠 음녀가 심판을 받겠거니 생각했는데 오히려 음녀가 성도들을 죽이고, 화려하게 치장하고 유유자적 하는 것을 보고 당황해 경악을 금치 못하고 있는 것이다. 이는 마치 주전168년 시라아의 8대왕 안티오쿠스가 유대인들에게 만행을 자행해 심판 받을 줄 알았는데 오히려 만사형통했던 것과 같은 국면이다. 그러니 요한이 얼마나 당황했겠느냐?

관용어적으로 요한이 놀란 이유는 제국의 배후 조종자이며 수많은 성도들을 순교하게 한 이 음녀가 1절과 다르게 심판을 받기는커녕 유유자적 하는 것을 보고 놀랐다는 말이다.

일곱 머리와 열 뿔 가진 짐승의 비밀

계시록 17장 7절을 보면 "천사가 이르되 왜 놀랍게 여기느냐 내가 여자와 그가 탄 일곱 머리와 열 뿔 가진 짐승의 비밀을 네게 이르리라" 하고 있는데 본 절은 일곱 대접을 가지고 있는 천사 중 하나가 경악을 금치 못하고 당황해 하는 요한을 보고 "뭐 그 정도 가지고 놀라느냐 더 놀랄 만한 사실을 하나 더 말해 주겠다"하며 일곱 머리 열 뿔 가진 짐승의 숨은 비밀인 여덟 번째 머리(제국)를 말해 주겠다는 말이다.

"천사가 이르되 왜 놀랍게(다우마조) 여기느냐" 하고 있는데 이는 여인을 보고 놀란 요한에게 더 놀라운 사실을 하나 더 말해 주겠다는 말로 그것은 일곱 머리 열 뿔의 숨은 비밀인 여덟 번째를 말해 주겠다는 말이다. 이 부분은 11절에서 다시 설명하겠다.

"일곱 머리 열 뿔 비밀을 네게 이르리라('에로' 레고=말하다)"하고 있는데 이는 7머리 10뿔 속에 감추어진(비밀인) 여덟 번째 머리를 가르쳐 준다는 뜻이다.

관용어적으로 일곱 머리(제국)와 열 뿔 가진 짐승의 비밀이란 8번째 머리(제국)를 말하는 말이다.

장차 나올 짐승을 보고 놀란 이유

계시록 17장 8절을 보면 "네가 본 짐승은 전에 있었다가 지금은 없으나 장차 무저갱으로부터 올라와 멸망으로 들어갈 자니 땅에 사는 자들로서 창세 이후로 그 이름이 생명책에 기록되지 못한 자들이 이전에 있었다가 지금은 없으나 장차 나올 짐승을 보고 놀랍게 여기리라"하고 있는데 본 절 부터는 여덟 번째 머리(제국)가 주인공임을 잊지 말고 11절까지 해석해야 한다.

"네가 본 짐승은 전에 있었다가 지금은 없으나 장차 무저갱으로부터 올라와 멸망으로 들어갈 자니"라고 되어 있음으로 이는 본 절은 일곱 번째 머리가 주인공이 아니라 여덟 번째 머리가 이제부터 주인공인데 구체적으로 말하면 여덟 번째 머리(제국)를 움직이는 짐승이 주인공이라는 뜻이다.

'전에 있었다가 지금은 없으나'하고 있는데 이 말은 요한 생전에 이미 존재했었던 자라는 것이다. 이는 시리아의 8대왕 안티오쿠스 4세를 말하는 말로 그는 주전 168년에 존재했었기에 지금 요한이 계시록을 기록할 때에는 존재하지 않았던 것이다.

"장차"하고 있는데 여기서 장차라는 '멜레이'이는 '미래의'라는 뜻을 가진 '멜로'에서 유래한 말로 이렇게 미래형으로 쓰고 있기에 미래인 여덟 번째를 말하고 있는 것이다.

"장차 무저갱으로 부터 올라와"하고 있는데 이는 요한이 계시록을 쓰고 있는 요한 시대에는 그 짐승이 아직 없고 미래에 그 짐승이 무저갱으로부터 올라오게 된다는 것인데 그는 여덟 번째 제국을 지배하게 될 자라는 말로 계시록 9장 3절과 11장 7절의 첫 번째 짐승인 적그리스도를 말한다.

"땅에 사는 자들로서 창세 이후로 그 이름이 생명책에 기록되지 못한 자들이"하고 있는데 이는 여덟 번째 머리를 움직이는 짐승을 말하는 말로 그 짐승이 나타나면 그때부터 땅에 사는 자들이 놀라게 된다고 하는데 여기서 땅에 사는 자들이란 계시록에서는 관용어적으로 불신자들을 말하는 말인데 본 절에서는 남겨진 성도들을 포함한 불신자들을 말한다. 다시 말해 이때는 이미 공중 재림이 임했기에 공중 재림에 참여하지 못하고 남겨진 성도들도 포함된다는 말이다. 이 성도들은 물과 성령으로 거듭나지 못하고 물로만 거듭난 자들로 이들은 후 삼년반에 남겨져 순교를 당하게 될 것이다.

'그 이름이 생명책에 기록되지 못한 자들이'하고 있는데 여기서 "생명책에 기록되지 못했다"는 말의 뜻은 저의 책 계시록 3장 5절과 계시록 20장 12절을 반드시 참고하라

"전에 있었다가 지금은 없으나 장차 나올 짐승을 보고 놀랍게 여기리라"하고 있는데 여기서 장차 나올이라는 말의 헬라어는 '카이펠(진실로) 카이 에스틴(3인칭 단수 직설법=그는 -이다). 파레이미(당분간.장차)'로 그 뜻은 '진실로 그는 장차 나올 것이다'라는 말로 이 말은 틀림없이 성취 될 것이라는 말이다.

"놀랍게 여기리라(다우마손타이=다우마조=놀라다)"하고 있는데 이는 남겨진 자들이 여덟 번째 나타난 짐승을 보고 놀란 이유는 아는 사람이 나타났기에 놀랐는데 그는 역사적으로만 존재 한줄 알았던 주전 168년의 데오스 에피파네스 안티오쿠스 4세가 환생하듯이 나타났기 때문이다.

관용어적으로 장차 나올 짐승은 여덟 번째 머리를 움직이는 짐승인 적그리스도를 말하는 말이고, 그를 보고 놀란 이유는 마치 그가 환생한 것 같이 적그리스도가 안티오쿠스 4세와 똑 같은 짓을 하기 때문이다. 계시록에서 안티오쿠스 4세는 적그리스도에 대한 관용어이다.

산 위에 앉은 여자

계시록 17장 9절을 보면 "지혜 있는 뜻이 여기 있으니 그 일곱 머리는 여자가 앉은 일곱 산이요"하고 있는데 본 절은 11절인 여덟 번째 머리를 움직이는 짐승을 설명하기 위해 첫 번째 머리 부터 일곱 번째 머리인 제국을 거론하고 있는 것이다.

"지혜 있는 뜻이 여기 있으니"라는 헬라어는 '호데(여기) 호 누스(이해.정신.목적.지능) 호 에콘(에코=소유) 솝히안(지혜)'로 그 뜻은 '지혜를 가진 이해가 여기 있으니'라는 말로 공동번역에서는 '이제는 지혜로운 이해력이 필요하다'라는 말로 해석했는데 이는 공동번역이 더 정확하게 번역한 것 같다. 이는 계시록 13장 18절과 똑 같은 말로 후 삼년반에 적그리스도를 알아볼 수 있는 사람은 지혜를 가진 자인 남겨진 성도들만 알아볼 수 있다는 말이다. 왜냐하면 그들은 성경 말씀을 보았기에 적그리스도인지 아닌지 영 분별 할 줄 알기 때문이다.

"일곱 머리는 여자가 앉은 일곱 산이라"하고 있는데 이 말의 헬라어는 "하이 헵타(7) 켑할라이(머리), 호레(산) 에이신(3인칭 직설법) 헵타(7) 호푸(어디든지.어느 장소든지) 헤 귀네(여자) 카데타이(카데마이=앉다.) 에프(에피=위에) 아우톤(3인칭 대명사). 카이 바실레이스(왕) 헵타(7) 에이신(그들=이다)"로 그 뜻은 '일곱 머리는 여자가 앉은 일곱 산인데 그들은 일곱 왕이다'라는 뜻인데 한글 개정 성경에는 여자가 앉은 일곱 머리와 일곱 산만 나오지 그들이 일곱 왕이라는 말은 나오지 않고 있다. 그런데 헬라어 원어에서는 일곱 머리가 일곱 왕이라 나옴으로 결국 이 일곱 왕은 일곱 황제를 말하는 말인 것이다. 즉 10절의 왕이라는 말이 9절에 붙어 나오고 있다. 그런데 여기서 산을 겔38:8절에서는 땅이라 말하므로 땅은 곧 영토인 제국을 말한다. 이는 결국 산과 머리는 제국을 말하는 말로 일곱 머리는 에베르트산과 같은 많은 영토를 점령해서 많은 업적을 남겼다는 뜻이다. 그런데 여자가 이 제국의 머리이며 산이며 왕인 그 위에 앉았다는 말이다. 이렇게 여자가 머리위에 앉았다는 말은 실제적인 베일에 싸인 배후 조종자는 황제가 아닌 여자였다는 (최순실) 말이다.

관용어적으로 머리이며 산이며 왕에 여자가 앉았다는 말은 제국을 움직이는 실제적인 실세는 황제가 아닌 최순실과 같은 여자였다는 말이다.

일곱 왕인 일곱 제국이란

계시록 17장 10절을 보면 "또 일곱 왕이라 다섯은 망하였고 하나는 있고 다른 하나는 아직 이르지 아니하였으나 이르면 반드시 잠시 동안 머무르리라" 하고 있는데 9절에서 여자가 앉은 일곱 머리이며 산이 무엇을 의미하는지 알 수 없었으나 본 절을 보면 그 일곱 머리며 산은 일곱 왕으로 나오고 있다. 그런데 헬라어 원어에서는 일곱 왕이라는 말은 9절에 등장하고 10절에는 나오지 않고 있다. 그러므로 10절은 9절과 연결되는 것이다. 그러므로 이 말의 헬라어는 "호이 펜테(5) 에페산(핍토=넘어지다), 카이 호 에이스(향하여) 에스틴(그는~이다), 호 알로스(그 밖에.다른) 우포(아직 아니) 에카이(엘코마이). 카이 호탄(까지.동안) 엘데

(엘코마이) 올리곤(올리고스=짧은.긴.기간) 아우톤(3인칭 대명사) 데이스(데이=반드시) 메이나이(메노=서다.남아있다)"로 그 뜻은 '다섯 왕은 넘어졌고, 그는 있고, 다른 왕은 아직 오지 않았다. 오게 되면 그가 반드시 길게 머무르게 될 것이다'라는 말로 올리고스를 본장에서는 짧은, 잠시로 해석했는데 저는 긴으로 해석해야 한다고 본다.

"또 일곱 왕이라"하고 있는데 혹자는 일곱 왕을 로마의 일곱 황제라 말하기도 하고 또는 일곱 제국으로 해석해 애굽, 니느웨, 바벨론, 바사, 헬라, 로마, 그리고 일곱째는 로마 멸망 이후 그리스도의 재림 때까지 일어난 모든 적그리스도 국가와 권세로 보지만 여기서 일곱 왕은 앞에서 제가 누누이 언급했듯이 일곱 제국을 말하는 말인데 그렇다면 일곱 제국은 어느 나라를 말하는 것인가?. 역사상 가장 땅을 많이 정복했던 나라는 징기스칸이다. 그러나 징기스칸은 이 일곱 제국에 들어가지 못한다. 왜냐하면 여기서 일곱 제국은 이스라엘을 정복한 적이 있는 일곱 제국을 말하기 때문이다. 왜냐하면 역사의 중심 무대는 이스라엘이기에 아무리 많은 나라를 정복하고 가장 많은 땅을 소유한 징기스칸이라 해도 그는 이스라엘을 점령한 적이 없기에 일곱 제국에 들어가지 못한다. 그러므로 본 절에서 말하는 일곱 제국이 되려면 반드시 이스라엘을 정복하고 세계를 정복했어야 한다. 그러므로 성경에서 말하는 일곱 제국은 애굽, 바벨론, 페르시아, 헬라, 시리아(주전200~170), 로마, 이슬람의 오스만투르쿠 족이다. 그런데 여기서 많은 분들이 니느웨를 제국에 넣지만 그러나 성경에서 니느웨가 북 이스라엘은 정복했지만 남 유다는 정복하지 못했기에 제국에 들어 갈수 없다. 대신 주전200~170년에 안티오쿠스 3세부터 4세가 중동지역을 평정하고 인도까지 점령해서 대 제국을 건설했다. 그런데 이런 사실을 많은 분들은 모른다. 다니엘서 7장부터 12장까지는 바로 이 안티오쿠스 4세에 대한 이야기인데 다니엘서를 보면 이 안티오쿠스 4세가 대 제국을 형성한 것이 나오고 역사적으로도 나온다. 그러므로 여기서 일곱 제국 중 니느웨가 아니라 바로 시리아의 안티오쿠스 4세가 들어가야 하는 것이다. 그래서 저는 일곱 제국을 말할 때 시리아를 넣는 것이다.

"다섯은 망하였고"하고 있는데 다섯 왕이란 다섯 제국을 말하는데 이는 사도요한 이전에 이미 망해서 역사 속으로 사라졌는데 그 제국은 애굽과 바벨론과 페르시아와 헬라와 시리아(주전200~170)이다.

"하나는 있고"하고 있는데 이는 요한이 살아 있는 동안 존재하고 있던 제국으로 바로 여섯 번째 제국인 로마를 말하고 있다.

"다른 하나는 아직 이르지 아니하였으나"하고 있는데 이는 로마는 요한이 살아 있을 동안 존재했지만 다른 하나인 일곱 번째 제국은 요한이 살아 있을 때는 존재하지 않았던 제국으로 오스만 투르쿠 제국인 이슬람제국을 말한다.

"반드시 잠시 동안 머무르리라"하며 오스만 투르크 제국이 잠시 머문다고 하고 있다. 그런데 오스만 투르쿠제국은 1453년부터 1900년까지 약 450년 동안 대 제국을 형성했는데 왜 잠시라 했을까? 그것은 "올리곤"이 시간의 길이를 말하는 말로 '얼마간'으로 해석되기 때문이다. 즉 올리곤을 긴으로 해석하느냐 짧음으로 해석하느냐에 따라 해석이 달라지는데 본 절에서는 짧은 으로 해석했지만 긴으로 해석해야 맞는다는 말이다. 1453년 5월29일 오스만 투르크족에 의해 터키의 콘스탄틴노플이 함락되면서 기독교인들이 500만명이 순교를 당했는데 후 삼년반에 예루살렘 멸망 후 이런 일이 또 일어나게 될 것이다.

관용어적으로 일곱 제국은 애굽과 바벨론과 페르시아와 헬라와 시리아와 로마와 이슬람제국을 말한다.

전에 있었던 여덟 번째 왕

계시록 17장 11절을 보면 "전에 있었다가 지금 없어진 짐승은 여덟째 왕이니 일곱 중에 속한 자라 그가 멸망으로 들어가리라"하며 "전에 있었다가 지금 없어진 짐승은"하고 있는데 이 말의 헬라어는 "카이 데리온(짐승) 호 엔(미완료.그는~~였다), 카이 우크(결코~않다) 에스틴(그는 ~이다)"로 그 뜻은 '그는 짐승였다, 그는 결코 없다'라는 뜻으로 전에 있었지만 지금은 없다는 말로 이는 이 짐승이 요한전에 있었던 짐승인데 요한이 지금 계시록을 쓸때는 없다는 말로 이는 주전 168년 적그리스도라는 관용어를 가지고 있는 시리아의 8대왕 데오스 에피파네스 안티오쿠스 4세를 말한다. 그는 다니엘서 7장 23~24절을 보면 짐승으로 나오는 존재이다. 그러므로 안티오쿠스 4세는 전에는(주전168년) 있었으나 요한시대에는(주후90년) 없는 존재인 것이다.

"여덟째 왕이니 일곱 중에 속한 자라"하고 있는데 이 말의 헬라어는 "옥도오스(여덟 번째) 에스틴(그는~이다), 카이 에크(중에) 톤 헵타(7) 에스틴(그는~이다)"로 그 뜻은 '그는 여덟 번째이다. 그리고 그는 일곱 중에 있다'라는 말로 적그리스도의 관용어인 안티오쿠스 4세는 여덟 번째인데 그는 일곱 중에 있는 자라는 것이다. 여기서 일곱은 9~10절의 일곱 머리와 일곱 산과 일곱 왕을 말하는 말로 결국 일곱 제국을 말하는 말이다. 또한 '여덟 번째 왕이니'하고 있는데 헬라어 원어에서는 여덟 번째로만 되어 있지 "왕"이라는 말이 빠져 있다. 그러므로 본 절에서 여덟 번째 왕으로 해석 한 것은 여덟 번째 제국이며 머리이며 산이라는 말이고 '일곱 중에'할 때 '일곱'은 곧 일곱 번째 왕이나 제국이나 산을 말하는 말이다.

그런데 여기서 일곱이라 한 이유는 일곱이 완전수이기에 일곱 머리란 7제국을 말함으로 7번째 제국이 마지막 제국이며 더 이상 제국이 없다는 뜻이다. 그러므로 8번째 제국은 새로운 제국이 될 수 없고 7번째 제국에 속해 있는 제국이라는 것이다. 그런데 여기서 요한이 살아 있을 때는 로마 포함 여섯 제국 밖에 없었다. 그런데 요한은 아직 일곱 제국이 형성되지 않았음에도 불구하고 일곱 제국 중에 여덟 번째 제국이 속해 있다고 하고 있다. 이는 일곱 번째 제국에 여덟 번째 제국이 속해 있기에 일곱 번째 제국으로 말하고 있는 것이다. 이는 여덟 번째 제국이 일곱 번째 제국에 속해 있는 제국임을 요한은 알기에 당시 존재하지도 않았던 일곱 번째 제국을 거명하고 있는 것이다. 그러므로 일곱 번째 제국이 이슬람 제국이었기에 여덟 번째 제국도 이슬람이 되는 것이다.

"전에 있었다가 지금 없어진 짐승은 여덟째 왕이니 일곱 중에 속한 자라"하고 있는데 여기서 짐승 할때 "짐승"은 적그리스도의 관용어인 시리아의 8대왕 데오스 에피파네스 안티오쿠스 4세를 염두해 두고 하는 말이다. 그런데 그를 여덟 번째 '왕이니'하며 '왕'이라 한 것은 여덟 번째 제국의'왕'이 안티오쿠스 4세의 성품을 가지고 있는 적그리스도 이기 때문이다. 그러므로 여덟 번째 왕하면 적그리스도인 안티오쿠스 4세의 성품을 말하고, 제국 하면 일곱 제국에 속해 있는 여덟 번째 제국인 이슬람제국을 말하는 것이다.

"그가 멸망으로 들어가리라"하고 있는데 '카이 에이스(향하여) 아펠레이아(아폴레이아=지옥강하, 멸망의 길) 휘파게이(휘파고=떠나다.사라지다)'로 그 뜻은'지옥을 향하여 떠나다' 라는 말로 공동번역에서는 "마침내는 멸망하고야 말 것이다"라고 되어있다. 그러므로 이 말은 이 안티오쿠스 4세의 성품을 가진 여덟 번째 제국의 황제(지도자)인 짐승(안티오쿠스)은 결국 지옥으로 떨어질 것이라는 말이다. 그런데 계19:20절과 계20:10절에 보면 진짜 그 짐승이 지옥에 떨어졌다고 나온다. 그러므로 본 절의 말씀이 그대로 성취되었던 것이다.

그러면 왜 일곱 번째와 여덟 번째로 나뉘었을까? 예루살렘은 638년 이슬람에 의해 정복되었고, 1453년 5월29일 오스만 투르크족에 의해 동로마 마저 정복되는데 이것이 7번째 제국이 되는 것이고, 그리고 이스라엘이 1948년 5월14일 독립했는데 종말에 다시 이슬람에 의해 정복당하게 되면 이것이 여덟 번째 제국이 되는 것이다. 일곱 번째 제국과 여덟 번째 제국은 같은 이슬람 제국임에도 불구하고 일곱 번째와 여덟 번째로 나눈 것은 그 사이에 이스라엘이 독립했기 때문이고 또한 일곱 번째는 모든 이슬람 제국을 말하지만 여덟 번째 제국은 수니파 이슬람이 시아파 이슬람을 멸망시키고 통일 이슬람 종교로 지배하기 때문이다.

관용어적으로 전에 있었다가 지금 없어진 짐승은 여덟째 왕이니 할 때 왕은 적그리스도의 관용어인 안티오쿠스 4세의 성품을 그대로 닮은 자라는 말이고, 일곱 중에 속한 자라는 말은 일곱 번째 제국에 여덟 번째 제국이 속해 있다는 말이고, 그가 멸망으로 들어가리라는 말은 이 여덟 번째 제국의 왕인 적그리스도(안티오쿠스)가 최후 심판을 받고 지옥에 떨어진다는 말이다.

열 뿔과 열 왕의 차이

계시록 17장 12절을 보면 "네가 보던 열 뿔은 열 왕이니 아직 나라를 얻지 못하였으나 다만 짐승과 더불어 임금처럼 한동안 권세를 받으리라"하고 있는데 본장 7~11절까지의 주인공이 8번째 제국이 주인공이었다면 12절부터 주인공은 10뿔이 주인공이다.

"네가 보던 열 뿔은 열 왕이니"하고 있는데 여기서 '열'은 완전수가 아니라 충만수이다. 그러므로 열이라는 말은 정확하게 열 민족을 말하는 것이 아니라 많은 민족을 말하는 말이고, 뿔은 힘과 왕의 권세와 같은 왕권을 말하는 말이다. 그래서 뒤에서 열 뿔은 열 왕이라 하지만 실제는 왕이 아니다. 혹자는 이 열 뿔을 재생로마 제국이라 하는데 그러나 열 뿔은 이슬람 군사동맹 민족을 말한다. 왜냐하면 이들은 나라를 얻지 못했기에 아직 왕이 아니라 민족의 추장이나 지도자 정도이기 때문이다. 그러나 바벨론을 정복한 후에 그들은 논공행상을 따져 나라를 얻게 될 것이다. 그리고 바벨론 멸망 후에는 열 뿔은 민족이 아닌 뒤에서 말하는 것 같이 진짜 열 왕(많은 왕)이 될 것이다. 왜냐하면 그들은 진짜 왕이기 때문이다.

"아직 나라를 얻지 못하였으나"하고 있는데 이는 시기적으로 계시록 17~18장이 바벨론 멸망을 말하는데 바벨론 멸망은 본장16절에서 이루어지기 때문에 이때는 계14:8절 상황이 아닌 계14:7절 상황으로 아직 적그리스도가 바벨론도 멸망시키지 못한 상황이다. 그런데 본 절에서 '아직'나라를 얻지 못했다고 하니 이는 지금까지 나라를 얻지 못했다는 말로 바벨론 멸망까지는 이들에게 나라를 주지 않고 왕의 권세만 주었지만 그 후 바벨론을 멸망시킨 후에는 나라를 주어 왕이 되게 하겠다는 말이다. 왜냐하면'아직'이란 말의 헬라어 '우포'가 '아직.여기까지 아니'라는 말로 '여기까지 아니'의 뜻을 가지고 있기에 바벨론 멸망까지는 아직이기 때문이다. 본장 17절을 보면 본 절에서 아직 나라를 분양 받지 못했다고 했는데 17절에서는 열 뿔들이 짐승에게 나라를 받쳤다고 함으로 바벨론 정복 후 나라를 분양 받기는 받았던 것 같다. 그러다 얼마 후 그 분양 받은 나라마저 짐승에게 헌납하고 다시 심복이 되었던 것이다.

"다만 짐승과 더불어 임금처럼 한동안 권세를 받으리라"하고 있는데 적그리스도인 짐승도 오랫동안 권세를 누리지 못하고 7년 동안만 권세를 누리는 것 같이 이들 열 뿔들도 그 권세를 7년 동안 누리게 될 것이다. 그리고 이 열 뿔들은 바벨론 멸망 전까지는 왕의 권세만 받아 왕 노릇하겠지만 그러나 바벨론 정복 후에는 그들에게 나라를 주어 진짜 왕이 되게 해 줄 것이다.

이 말의 헬라어는 '알르(다른) 엑수시안(권세) 호스(같은) 바실레이스(왕) 미안(하나.첫째) 호란(시간) 람바누신(취하다) 메타(후에) 투 데리우(짐승)'로 그 뜻은 '짐승으로부터 후에 한 시간 정도 왕과 같은 권세를 얻을 것이다'라는 말로 여기서 '미안 호란'은 한 시간을 말하는데 여기서 한동안이라는 말은 유대 사상에서 아주 짧은 기간을 말하는 관용어로 바벨론 멸망 전까지만 왕의 권세를 받아 왕처럼 행동하다가 후에는 진짜 나라와 왕이 되어 14절을 보면 아마겟돈 전쟁까지 적극적으로 적그리스도를 돕게 될 것이다.

관용어적으로 열이란 완전수가 아닌 많다는 의미인 충만 수를 말하고, 열 뿔이란 열 민족을 말하는 것이 아니라 많은 민족의 연합을 의미하는 말이고, 열 왕이란 바벨론 정복 후 열 왕이 된다는 말이고, 바벨론 멸망 전까지는 잠깐 왕의 행세를 하게 될 것이나 바벨론 멸망 후에는 나라를 얻어 진짜 왕이 되게 될 것이다. 그러나 얼마후 다시 분양 받은 나라까지 바쳐 심복이 된다는 말이다.

그들이 한 뜻으로 짐승을 도운 이유는

계시록 17장 13절을 보면 "그들이 한 뜻을 가지고 자기의 능력과 권세를 짐승에게 주더라" 하고 있는데 열 뿔들은 적그리스도가 바벨론을 정복한 후에는 열 왕이 되게 된다. 그러므로 여기서 "그들은" 열 왕을 의미하는 말이다. 아직 바벨론은 멸망하지 않았지만 13~14절의 뉘앙스로 볼 때 13~14절은 바벨론 멸망 후 왕이 된 후의 이야기를 하고 있는 것이다. 그러므로 열 뿔이 열 왕이 된 이들은 적그리스도로부터 나라와 능력과 권세를 받았기에 마음을 다해 적그리스도를 도와 아마겟돈에 참여하게 될 것이다(14절).

여기서 '그들'은 열 뿔이 열 왕이 된 자들을 말하는 말이고, '한 뜻을 가지고 자기의'라는 말의 헬라어는 '후토이(저희가) 미안(미아=하나) 그노멘(그노메=마음) 에쿠신(에코=소유)'로 그 뜻은 '저희가 하나의 마음을 소유했다'는 말로 여기서 '한뜻'이라는 '그노메'는 마음이 하나로 일치단결된 굳은 결속을 말한다. 그러므로 열 왕들은 일치된 마음으로 아마겟돈 전쟁까지 적그리스도를 돕게 되는 것이다.

관용어적으로 열 왕들은 한마음으로 일치단결해서 그들에게 나라와 권세를 준 짐승에게 충성을 다해 아마겟돈까지 도와준다는 말이다.

어린양와 그와 함께 한 무리들이 아마겟돈에서 승리할 것이다.

계시록 17장 14절을 보면 "그들이 어린 양과 더불어 싸우려니와 어린 양은 만주의 주시오 만왕의 왕이시므로 그들을 이기실 터이요 또 그와 함께 있는 자들 곧 부르심을 받고 택하심을 받은 진실한 자들도 이기리로다"하고 있는데 본 절은 13절과 연결되는 말로 바벨론 정복 후 열 뿔이 열 왕이 된 후 그들은 한마음 한뜻으로 자기에게 나라와 능력과 권세를 준 짐승에게 아마겟돈 전쟁 때까지 목숨을 다해 돕게 된다.

"그들이 어린 양과 더불어 싸우려니와 어린 양은 만주의 주시오 만왕의 왕이시므로 그들을 이기실 터이요"하고 있는데 이 말은 그들 열 왕들은(많은 동맹국들) 아마겟돈 전쟁 때 적그리스도편에 서서 예수님과 싸운다는 것이다. 여기서 어린양이 십자가에서 죽으셨다가 부활하심으로 사망(죽음)을 이기신 것 같이 아마겟돈 전쟁 때도 적그리스도와 열 왕(많은 동맹국)들을 만왕의 왕이신 예수님이 그렇게 승리하게 되실 것이라는 말이다. 그런데 여기서 '싸우려니와 어린양이 이기실 터이요' 하고 있는데 이 말의 헬라어는 "폴레메수신(플레메오=싸우다) 카이 토 알리온(어린 양) 니케세이(니카오=이기다) 아우투스(3인칭)"로 그 뜻은 "싸운다 그러나 그들을 어린 양이 이길 것이다"라는 말로 여기서 '싸우려니와'라는 말의 '폴레메수신'은 '싸우다' '전투하다'라는 뜻을 지닌 '플레메오'의 미래 능동태이다. 즉 미래형이다. 왜냐하면 이 말을 하고 있는 시점은 계14:7절 상황으로 아직 바벨론이 멸망하지 않은 시점이기에 이 아마겟돈 전쟁은 미래에 있을 사건이기에 이렇게 미래형으로 말하고 있는 것이다.

"그와 함께 있는 자들 곧 부르심을 받고 택하심을 받은 진실한 자들도 이기리로다"하고 있는데 여기서 그와 함께 있는 자들은 예수님과 함께 있는 자들인데 곧이 나오므로 이 말이 나오면 오버랩 기법으로 앞에 것을 다시 디테일하게 설명하는 것으로 그와 함께 있는 자들을 다시 구체적으로 설명하고 있다. 그런데 그들은 부르심을 받고 택하심을 받은 진실한 자들이라는 것이다.

"부르심을 받고 택하심을 받은 진실한 자들도 이기리로다"하고 있는데 이 말의 헬라어는 '클레토이(부르심) 카이 에클렉토이(에클렉토스=택함을 받은) 카이 피스토이(피스토스=믿는)'로 그뜻은 '부르심을 받은자와 택하심을 받은 자와 믿는자들'이라는 말로 부름받고 택함받고 믿는자들은 주님과 함께 적그리스도를 이기게 된다는 말이다. 이 무리들이 공중 재림에 참여한 자들이 아닌 이 땅에 남겨진 성도라는 증거는 이기리로다 하며 미래형으로 쓰고 있기 때문이다. 만약 이들이 공중 재림에 참여한 자들이라면 이렇게 미래형으로 이기리로다라는 말을 쓰지 않고 이미 이긴자들이기 때문에 이긴 자들이니라 했을 것이다. 그러나 본문은 미래형으로 말하고 있기에 이들은 후삼년 반에 남겨진 상도들인 것이다.

이 세 무리들은 한마디로 생명책에 기록된 성도들인데 그들은 사명자인 목사와 같은 자들로 부름 받아 생명책에 기록되었고, 하나님의 자녀로 택함받아 생명책에 기록되었고, 예수와 말씀을 믿어 믿음으로 생명책에 기록된 자들로 이들은 후 삼년 반때 순교해서 이긴자들이 아니라 육체를 가지고 살아서 이겨 후 삼년반을 통과해 천년왕국에 들어가기에 이긴자들인 것이다. 즉 물과 성령으로 거듭나지 못하고 물로만 거듭난 자들이지만 끝까지 믿음을 지켜 승리한 자들이라는 말이다.

"만주의 주시오 만왕의 왕이시므로"하고 있는데 이 부분은 저의 책 계시록 19장 16절을 참고하기 바란다.

관용어적으로 적그리스도와 열 왕들과 어린양과 어린양께 속한 자들이 아마겟돈 전쟁을 하게 되는데 이때 주님이 십자가에 죽으셨다 부활하심으로 사망을 이기신 것 같이 그들을 다시 이기신다는 말이다.

물위에 앉은 여인에 대한 해석

계시록 17장 15절을 보면 "또 천사가 내게 말하되 네가 본 바 음녀가 앉아 있는 물은 백성과 무리와 열국과 방언들이니라"하고 있는데 본 절은 1절 "많은 물 위에 앉은 큰 음녀"가 누구인지 해석해 주는 절이다. 이 천사는 1절에서 말하는 일곱 대접을 가지고 있는 일곱 대접 천사 중 하나이다. 계시록은 계시록 6장1, 13절에서 말한 것 같이 친절하다. 이 부분은 저의 책 계시록6:1.13절을 반드시 참고해 주길 바라고, 또한 음녀는 본장 1절과 18절을 참고하길 바란다.

관용어적으로 '물은 백성과 무리와 열국과(에드노스) 방언들이니라'는 말은 전 세계 사람을 말하는 말이다.

바벨론과 바벨론의 음녀인 바벨론 종교인 시아파 이슬람이 불로 망한다.

계시록 17장 16절을 보면 "네가 본 바 이 열 뿔과 짐승은 음녀를 미워하여 망하게 하고 벌거벗게 하고 그의 살을 먹고 불로 아주 사르리라" 하고 있는데 여기서 '네가'는 사도 요한을 말하고, '열 뿔'할때 '열'은 본 장 12절에서 자세히 설명하고 있듯이 열은 숫자상 열을 말하는 것이 아니라 많다는 의미이고 '열 뿔은 12절에서 설명했듯이 이들은 아직 열 왕이 아닌 열 뿔 상태이다. 왜냐하면 아직 바벨론을 멸망시키지 못했기 때문이다. 그런데 앞으로 그들은 바벨론을 멸망시키고 열 왕이 될 것이다. 여기서 열 뿔은 수니파로 구성된 이슬람 군사동맹 민족으로 이들이 여덟 번째 짐승인 적그리스도와 같이 음녀 시아파 이슬람과 바벨론을 멸망시키고 불로 태우게 될 것이다(본 절). 그러나 실제적으로 바벨론이 멸망된 것은 계18:2절이다. 왜냐하면 본 절에서는 망하게 하고 벌거벗게 하고 그의 살을 먹고 불로 아주 사르리라 하며 미래형으로 말하고 있기 때문이다.

'망하게 하고(에레모스=황폐하게 하다)'하고 있는데 이 말은 열 뿔과 여덟 번째 제국의 짐승인 수니파 이슬람 제국이 바벨론 나라인 이라크와 그들이 섬긴 신(시아파 이슬람)을 멸망시킨다는 말이다.

"망하게 하고 벌거벗게 하고 그의 살을 먹고 불로 아주 사르리라"하고 있는데 이 말의 헬라어는 '카이 큄넨(큄노스=벌거벗은), 카이 타스

살카스(사륵스=육체) 아우테스(3인칭대명사) 화곤타이(화고=먹다), 카이 아우텐(3인칭 대명사) 카타카우수신(카타카이오=태워버리다) 엔(로) 퓌리(불)'로 그 뜻은 '벌거벗겨 그의 육체를 먹고 불로 태워 버릴 것이다'라는 말로 열 뿔과 적그리스도는 바벨론을 이렇게 먼저 멸망시키고 (벌거벗게 하는 행위는 정복자가 정복한 자를(피정복자) 발가벗기는 것으로 이는 정복했다는 말이다), 그 다음 음녀인 시아파 이슬람을 불사르게(멸망) 될 것이다. 그런데 여기서 음녀를 불사른다는 말은 음녀가 시아파 이슬람이기에 이는 수니파가 시아파를 불인 전쟁으로 멸망시킨다는 말이다. 이 부분은 바로 다음 장에서 다시 설명하겠다. 불을 고대 이스라엘 사람들은 하나님의 심판을 받아 철저하게 파멸되는 것을 상징하는 관용어로 사용하였다. 그러므로 하나님께서 수니파을 막대기로 사용하셔서 바벨론 나라와 종교를 멸망시킨다는 말이다. 렘50:32절을 보면 역시 바벨론이 불로 멸망할 것을 말하고 있다.

관용어적으로 벌거벗게 한다는 말은 정복했음을 말하는 말이고, 본 절은 바벨론 나라와 바벨론 종교인 시아파 이슬람이 불인 전쟁에 의해 적그리스도와 열 뿔의 연합체에 의해 망하게 된다는 내용이다. 바벨론 멸망은 바벨론 나라와 바벨론 종교(신)의 멸망을 말하는 말이다.

고대의 전쟁은 신들의 전쟁이었다.

계시록 17장 16절을 보면 "네가 본 바 이 열 뿔과 짐승은 음녀를 미워하여 망하게 하고 벌거벗게 하고 그의 살을 먹고 불로 아주 사르리라"

하고 있고, 이사야서 21장 9절을 보면 "보소서 마병대가 쌍쌍이 오나이다 하니 그가 대답하여 이르시되 함락되었도다 함락되었도다 바벨론이여 그들이 조각한 신상들이 다 부서져 땅에 떨어졌도다 하시도다"하며 이사야 선지자는 바벨론이 멸망할 것을 말하는데 단순히 바벨론 나라만 멸망할 것이 아니라 그들이 섬기는 신상들도 멸망할 것을 말한다. 그런데 이렇게 전쟁의 승패를 말할 때 신들이 등장하는 이유는 고대의 정복전쟁은 단순히 국가 간의 전쟁으로 국한되는 것이 아니라 그 나라가 섬기는 신들 간의 전쟁으로 고려되어 신들의 우열로 전쟁의 승패가 좌우되는 것으로 믿었기 때문이다.

다시 말해 고대의 전쟁의 양상은 표면적으로는 국가 간의 전쟁이었지만 실상은 그 나라들이 섬기는 신들 간의 전쟁이었다는 말이다. 그래서 나라와 나라간의 전쟁에서 한 나라가 패망한 것은 곧 나라가 국력이 없어 패망한 것이 아니라 신들 간의 전쟁에서 신이 능력이 없어 패한 것으로 여겼다. 그래서 계17:16절 본 절을 보면 바벨론 나라가 망하고 바벨론 종교인 음녀가 망한 것으로 나오는 것이다. 왜냐하면 바벨론신이 곧 음녀였기 때문이다.

관용어적으로 국가 간의 전쟁은 곧 신들의 전쟁이었다.

열 뿔들이 적극적으로 동조하게 된 것은 욕망이라는 허용적 자유를 사용해서 이다.

계시록 17장 17절을 보면 "이는 하나님이 자기 뜻대로 할 마음을 그들에게 주사 한 뜻을 이루게 하시고 그들의 나라를 그 짐승에게 주게 하시되 하나님의 말씀이 응하기까지 하심이라"하고 있는데 이 말을 공동번역으로 보면'그것은 하나님께서 그들의 마음속에 당신의 뜻을 이루려는 욕망을 심어 주셨고 뜻을 모아 그들의 왕권을 그 짐승에게 넘겨주게 하셨기 때문이다 그리하여 결국 하나님의 말씀이 이루어질 것이다' 라고 되어있다.

"이는 하나님이 자기 뜻대로 할 마음을 그들에게 주사"하고 있는데 이는 하나님께서 10뿔들에게 한마음이 되어 자기들의 나라를 짐승에게 바치게 할 허용적 마음(자유)을 주셔서 그들이 짐승에게 자기 나라를 바쳤다는 말로 이는 하나님이 허용적 마음(자유)을 주신 것뿐이지 강요하신 것은 아니다. 그들은 이 허용적 자유를 가지고 적 그리스도편에 섰던 것이다. 그런데 공동번역에서는 이 허용적 자유인 마음을 욕망(욕심)으로 해석하고 있다. 즉 이는 하나님이 그들 속에 있는 욕망을 자극해 적 그리스도에게 적극 동조하게 했다는 말이다. 이들은 이미 12절에서 적 그리스도와 군사와 종교의 공동운명체가 된 자들이었다. 그리고 13절 이미 적극적인 공조를 했던 자들이다. 그런데 그 나라마저 지금 적그리스도인 짐승에게 주었다고 한다. 그런데 이렇게 하나님이 열 뿔들에게 나라를 바치면서까지 적그리스도의 심복이 되게 한 것은 그래야 아마겟돈 전쟁이 일어나 지상 재림과 천년왕국이 빨리 오기 때문이었다.

"그들의 나라를 그 짐승에게 주게 하시되"하고 있는데 이 말의 헬라어는 '카이 두나이(디도미=주다) 텐 바실레이안(나라) 아우텐(3인칭 대명사) 토 데리오(짐승)'로 그 뜻은 '그 짐승에게 그들이 나를 주었다'라는 말로 본장 12절을 보면 이 열 뿔은 아직 나라를 분양 받지 못했었다고 했는데 본 절에서는 나라를 바쳤다고 함으로 아마 바벨론 전쟁 후 나라를 분양 받았다가 얼마 지나지 않아 그 나라마저 적그리스도에 넘기고 그의 심복이 된 것 같다. 이 말을 통해 우리가 알 수 있는 것은 적그리스도가 이렇게 완전히 세계를 정복할 기틀을 마련하게 된 것은 바벨론 멸망 후 부터이고 3차 대전 승리 후에는 세계를 완전히 정복하고 666표를 강요하게 되었다는 사실이다.

"하나님의 말씀이 응하기까지 하심이라" 하고 있는데 이 말의 헬라어는 '아크리(까지) 텔레스데(텔레오=성취되다) 타 흐레마타(말) 투 데우(하나님)'로 그 뜻은 '하나님의 말씀이 성취되기 까지'라는 말로 이 말은 아마겟돈 전쟁이 끝나기까지 10뿔들은 적그리스도의 적극적인 심복이 되었다는 말이다.

관용어적으로 하나님의 허용적 자유의지인 욕망 때문에 그들 10뿔들은 짐승에게 나라까지 바치며 심복이 된 후 아마겟돈 전쟁에 가담했다가 결국 멸망하게 될 것이라는 말이다.

여자는 큰 성이다

계시록 17장 18절을 보면 "또 네가 본 그 여자는 땅의 왕들을 다스리는 큰 성이라 하더라"하고 있는데 본 절은 5절에 이어 다시금 음녀의 정체를 설명하고 있는 구절이다. 이 말의 헬라어는 '카이 헤 귀네(여자) 헨(보라.이것) 에이에스틴(그는~이다) 헤 폴리스(성) 헤 메갈레(큰), 헤 에쿠사(에코=소유) 바실레이안(왕국, 통치) 에피 톤 바실레온(왕) 테스 게스(땅)'로 그 뜻은 '보라 여자를 그녀는 큰 성이다. 그 땅의 왕위에 통치하는'로 되어있다.

'네가 본'은 사도요한이 본 것을 말하고, '그 여자는 땅의 왕들을 다스리는'은 1절에서 많은 물위에 앉은 큰 음녀를 말하고 2절에서는 땅의 임금들과 음행한 여자를 말한다. 계시록에 큰 성하면 본 절과 계시록 11장 8절 만 빼놓고 나머지는 다 바벨론을 말한다. 여기서 바벨론은 국가적 바벨론과 종교적 바벨론으로 해석이 되는데 국가적 바벨론은 하나님을 대적하는 모든 나라들을 말한다. 그런데 본 절과 같이 큰 성이라는 말이 들어가면 이는 이라크인 바벨론을 말하고, 종교적 바벨론은 많은 이방신과 같은 바벨론을 말하는 것이 아니라 큰 종교인 이슬람 종교를 말하는 말이다.

그런데 본 절에서 여자라 함으로 이는 땅의 임들과 제국의 배후에서 조종했던 종교를 말하는 것으로 그 종교는 이슬람이다. 그런데 본 절에서 주어는 여자인 음녀이고 뒤에 큰 성은 앞의 여자를 수식하고 있다. 그러므로 여자인 음녀가 이슬람임으로 뒤의 큰 성은 바벨론을 말하는 것이 아니라 음녀인 이슬람을 말하는 것이다. 그러므로 본 절에서 음녀와 큰 성은 같은 말이다. 즉 음녀도 이슬람을 말하고 큰 성도 큰 종교인 이슬람을 말하는 것이다. 그래서 헬라어 원어 에서는 '보라 그 여자를 그녀는 큰 성이다' 하고 있는 것이다. 그리고 그녀가 땅의 왕들 위에서 통치한다고 되어 있는데 이는 이슬람이 배후에서 땅의 왕들을 조종한다는 말이다.

관용어적으로 본 절의 음녀는 곧 큰 성인데 음녀이기에 이는 종교를 말하는 것이고, 큰 성 역시 음녀를 수식하기에 큰 종교인 이슬람을 말하는 것이다. 또한 땅 위 임금들을 배후 조종했다고 하는데 이는 종교를 가지고 배후 조종했다는 말로 이는 큰 종교인 이슬람을 말하는 것이다.

퍼즐 레마 성경 공부

오흥복 목사의 저서 시리즈

**헬라어적 관점과 역사론적 관점과 관용어적 관점으로 본
하존 요한 계시록 1권(계1-계3장 까지)**

헬라어적 관점이란 개정성경의 각 장의 요절들을 헬라어로 쉽게 해석했다는 말이며 또한 헬라어의 유래를 찾아 헬라어가 어떻게 변했는지 쉽게 설명하고 있다는 말입니다. 또한 역사론적 관점이란 요한 계시록을 역사론적으로 해석하고 있다는 말이며, 관용어적 관점이란 요한 계시록이 관용어로 연결되어 있는 것을 관용어를 찾아 설명하고 있다는 말입니다. (가격 11,000원)

**헬라어적 관점과 역사론적 관점과 관용어적 관점으로 본
하존 요한 계시록 2권 (계4-계8장 까지)**

요한 계시록은 관용어로 기록되어 있는데 이 관용어를 히브리어로 마솰이라 하는데 마솰을 다른 말로 하면 잠언이란 뜻입니다. 예수님의 비유를 헬라어로 파라볼레라 하는데 이 파라볼레의 유래가 마솰로 되어있습니다. 이 마솰을 쉽게 해석하면, 관용어, 속담, 격언이란 뜻입니다. 그런데 계시록이 바로 이 관용어인 마솰로 연결되어 있다는 것입니다. 그러므로 본 책을 보시면 계시록을 기록할 당시 요한이 이 관용어를 어떻게 사용해서 계시록을 기록했는지 알 수 있게 됩니다. (가격 11,000원)

**헬라어적 관점과 역사론적 관점과 관용어적 관점으로 본
하존 요한 계시록 3권(계9-계12장 까지)**

계시라는 말에는 헬라어 '아포칼립시스'와 히브리어 '하존'이라는 말이 있는데 '아포칼립시스'는 자연계시, 일반계시, 특별계시, 기타등등의 계시라 해서 광역적인 계시를 말하고, 하존이란 한 가지 주제에 포커스(초점)를 맞추고 집중 조명하는 것을 말하는데 제가 쓴 책인 이 요한 계시록이라는 책이 바로 종말(하존)에 포커스를 맞추고 쓴 책입니다. (가격 11,000원)

**헬라어적 관점과 역사론적 관점과 관용어적 관점으로 본
하존 요한 계시록 4권 (계13-계17장 까지)**

이 책을 선택하신 여러분은 탁월한 선택을 하신 것입니다. 왜냐하면, 한국에서 헬라어적 관점과 역사론적 관점과 관용어적 관점으로 요한 계시록이란 책을 쓴 사람이 없고, 이 세 가지 입장에서 세미나를 하시는 분도 한 분도 없기 때문입니다. 그러나 저는 이 세 가지 관점에서 이 책을 썼습니다. (가격 12,000원)

헬라어적 관점과 역사론적 관점과 관용어적 관점으로 본
하존 요한 계시록 5권 (계18-계19장,계21-계22장 까지)

관용어란 히브리어로 '마솰' 이라 하는데 이 말은 잠언을 말하는 말인데 그 뜻은 "속담, 격언, 관용어" 란 뜻을 가지고 있습니다. 그런데 이 마솰에서 비유라는 사복음서의 파라볼레가 유래 되었는데 이를 관용어라 합니다. 그런데 놀랍게도 요한 계시록은 제1장부터 22장까지 이 비밀코드인 마솰(파라볼레=관용어)로 다 연결되어 있다는 것입니다. (가격 12,000원)

헬라어적 관점과 역사론적 관점과 관용어적 관점으로 본
하존 요한 계시록 6권 (계22장)

계시록은 관용어라는 비밀코드로 연결되어 있습니다. 그러므로 이 관용어인 비밀코드를 알지 못하면 요한 계시록은 해석될 수 없습니다. 그런데 저의 본 책이 바로 이 비밀코드를 푸는 열쇠가 될 것입니다. 왜냐하면, 계시록에 나와 있는 관용어를 다 정리해 놓았기 때문입니다. 여기서 관용어란 속담,격언,잠언,비유를 말하는 말입니다. (가격 12,000원)

뉴 동의보감

어느 약사 장로님이 저의 이 책을 보시고 말씀하시길 "허준의 동의보감보다 목사님이 쓰신 이 책이 동의보감보다 더 잘 쓰셨습니다" 하고 말씀 하시는 것을 들어 보았습니다. 그 약사 장로님이 말씀 하신 것 같이 이 책에는 어느 병에는 어느 약초들이 좋은지 그 약초들의 소개로 가득차 있습니다. 저 또한 몸에 병이 올때 제가 쓴 이 책에 나오는 약초들을 사용함으로 거의 대부분의 병을 치료받곤 했습니다.(가격 11,800원)

나는 기도응답을 100% 받고 있다

저자 오흥복 목사는 2003년까지만 해도 기도응답을 거의 받지 못했지만 기도의 방법을 바꾸고 나서 거의 100% 기도 응답을 받고 있다. 이 책에서는 이렇게 거의 100% 기도 응답 받을 수 있는 방법이 제시되고 있다. 여러분들도 이 책에서 제시하는 방법대로 기도하는 순간, 기도응답을 거의 100% 가까이 받게 될 것이다. (가격 12,000원)

기도응답은 만들어 받는 것이다

이 책은 1권인 "나는 기도응답을 100% 받고 있다"라는 책의 후속 편으로 1권을 기반으로 썼기 때문에 1권을 보시지 않고, 이 책을 읽으면 잘 이해가 되지 않는 부분이 있습니다. 그러므로 반드시 1권을 읽으시고 이 책을 대하시길 바랍니다. 이 책은 지금 당장 문제 가운데 있는 분들이 보신다면 흑암의 터널을 통과하는 서광이 될 것입니다. (가격 11,000원)

이젠 돈 걱정 끝

이 책은 물질에 대한 이해와 기본구도에 대해 설명하고 있는데 이 책을 보시면 물질이 어떻게 움직이는지 알게 됩니다. 뿐만 아니라 이 책의 핵심은 번제인데, 번제는 힘으로도 안 되고, 눈물로도 안 되고, 기도로도 안 되던 문제를 해결하는 만병통치약과 같은 것으로 이 번제에 대하여 아주 잘 설명하고 있습니다. 또한 이 책과 "부자들의 이야기 그들은 이렇게 해서 부자가 되었다라는 책과 한국의 탈무드 1.2.3" 권은 한 권의 책이라 보시면 됩니다. 그러므로 물질 문제를 해결하기 위해서는 이 책과 부자들의 이야기와 한국의 탈무드 1.2.3권의 책을 반드시 같이 보셔야 합니다.(가격 12,000원)

한국의 탈무드 1

이 책은 묵상이 무엇이며, 무엇을 묵상해야 하며, 인생의 답인 지혜에 대하여 자세히 다루고 있습니다. 또한 이 책에서는 솔로몬이 가졌던 지혜를 누구나 가질 수 있음을 말하고 있는데, 그 방법은 4가지를 통해 가질 수 있고, 또한 생활 가운데 그 지혜를 활용하는 방법이 소개되고 있습니다. 사실 이 책과 "이젠 돈 걱정 끝이란 책과 부자들의 이야기 그들은 이렇게 해서 부자가 되었다"란 책은 한 권이라 보면 됩니다. 그러므로 이 책을 보신 분들은 "이젠 돈 걱정 끝과 부자들의 이야기"라는 책을 반드시 참고 하셔야 합니다.(가격 11,000원)

한국의 탈무드 2

이 책은 "한국의 탈무드 1"을 기반으로 쓰여 진 책으로 성공의 원리와 삶의 원리를 다루고 있습니다. 성공도 그렇고, 삶도 그렇고 모든 것에는 원리가 있습니다. 그래서 이 원리에 맞게 움직이면 우리는 누구나 다 성공할 수 있고, 원리에 맞게 움직이지 않으면 공부를 많이 했어도 실패할 수밖에 없는 것입니다. 저는 이 책에서 지혜를 갖는 원리와 성공과 생활의 원리 약80여 가지를 다루고 있습니다. 여러분들이 이 책에 나와 있는 원리를 잘 알고, 적용하시면 아마 100%성공적인 삶을 살게 될 것입니다. (가격 11,000원)

한국의 탈무드 3
하나님이 주신 지혜인 영감과 원리를 가지면 세상을 정복할 수 있습니다. 그런데 이 책엔 이런 원리와 예화가 가득 차 있습니다. 저는 개인적으로 지혜만 가지고 있으면 사막과 황무지에서도 살아남고 성공할 수 있다고 봅니다. 그런데 저의 책 "한국의 탈무드 1.2.3"권이 이런 지혜를 주는 지혜의 보고가 될 것입니다. 이 책엔 2권에서 다 말하지 못한 원리들과 지혜 예화들이 나오고 있습니다. 그러므로 이 책의 원리와 예화를 그대로 적용하시면 아마 100% 성공적인 삶을 살지 않을까 생각합니다. (가격 11,000원)

임재 기도의 힘, 생각만 해도 응답 받는다
이 책은 임재와 기름부음의 차이와, 어떻게 하면 성령의 임재 가운데 있을 수 있는지 아주 잘 설명하고 있고, 또한 어떻게 하면 생각만 해도 응답 받는지에 대하여 잘 설명하고 있습니다. 뿐만 아니라 방언에 대한 오해와 궁금한 모든 것을 아주 자세히 설명하고 있습니다. 이 책을 보시면 누구나 방언을 말하게 될 것이며 또한 '성령을 이해하면 당신도 환상과 예언을 할 수수 있다'라는 책은 이 책의 후속편이오니 참고해 주셨으면 합니다. (가격 11,000원)

성령을 이해하면 당신도 환상과 예언을 할 수 있다
이 책은 "임재 기도의 힘, 생각만 해도 응답 받는다"의 후편으로 성경에 나와 있는 9가지 은사를 어떻게 받으며, 은사를 사용하는지에 대하여 다루고 있습니다. 그 분 아니라 우리의 초미의 관심이 되는 환상에 대하여 자세히 다루고 있으며, 또한 예언하는 방법에 대하여 자세히 다루고 있습니다. 이 책을 읽으시고, 바로 이해만 하신다면 이제는 누구나 환상을 볼 수 있게 되고, 예언을 할 수 있게 될 것입니다. (가격 11,000원)

부자들의 이야기 그들은 이렇게 해서 부자가 되었다
이 책은 록펠러와 빌게이츠와, 샘 월튼과, 호텔왕 콘래드 힐튼과, 워렌 버펫과, 한국의 부자들이 실제로 어디에 어떻게 투자해서 부자가 되었는지 그들의 투자 노하우가 그대로 심층 분석되어 있습니다. 이 책을 보시고 이 책에서 제시하는 방법대로 투자하면 당신도 부자가 될 수 있을 것입니다. 다시 말해 실전 투자 방법들이 소개되고 있습니다. 사실 이 책과 "이젠 돈 걱정 끝과 한국의 탈무드1.2.3권은 한권의 책이라 봐야 할 것입니다. 그러므로 이 책을 보신 후 그 책들을 참고해 주셨으면 합니다. (가격 12,000원)

영적존재에 대한 이야기

이 책은 여섯 가지 영적 존재인 하나님과 천사와 사람과 마귀와 귀신과 미혹의 영에 대하여 아주 자세히 쓰고 있습니다. 이 책을 읽으시면 여섯 가지 영적 존재의 움직임을 자세히 알게 되어 가만있어도 여섯 가지 영적 존재가 어떻게 활동하는지를 알게 될 것입니다. 이 책을 한마디로 말하면 여섯 가지 영적 존재를 아는 필독 도서라 보면 될 것입니다. (가격 11,000원)

다가온 종말론

종말론에 대한 책들이 많이 있지만 이 책은 주님이 보시는 종말론을 기록하였습니다. 저는 감히 말씀 드립니다. 펠라지역을 모르면 종말론을 다시 해야 한다고 말입니다. 그 정도로 종말론에 있어 펠라지역은 중요합니다. 그런데 이 펠라 지역에 대한 정보가 바로 이 책에 기록되어 있습니다. (가격 11,000원)

성경 보는 눈을 열어주는 창세기

우리는 창세기하면 그저 신비로 생각하는데, 중요한 것은 우리가 성경을 아는데 있어 교두보의 역할을 하는 것이 바로 창세기라는 것입니다. 그러므로 우리가 창세기를 잘 알지 못하면 성경을 이해하는데 어려움을 겪게 되어 있는 것입니다. 왜냐하면 성경의 비밀이 창세기 안에 다 들어 있기 때문입니다.(가격 11,000원)

삼위일체와 예수

우리는 삼위일체 하면 굉장히 어려워합니다. 그러나 실제로 삼위일체는 신비가 아니라 아주 쉬운 부분에 해당합니다. 이 책에는 이 삼위일체의 비밀을 잘 설명하고 있으며, 우리가 믿는 예수님에 대한 신비를 이해하기 쉽게 기록하고 있습니다. 그러므로 삼위일체와 예수님에 대하여 알고 싶으시면 이 책을 꼭 보시길 바랍니다. (

가격 11,000원)

상상하며 기도 하면 100% 응답 받는다

이 책은 제가 지난 24년 동안 기도 응답에 대하여 연구하기 시작하면서 응답 받았던 부분을 종합해 본 결과 얻어낸 결론이며 또한 지난 7년 전부터 이 결론을 가지고 임상실험을 해 기도응답을 거의 100% 받은 비밀을 그대로 공개하고 있습니다. 그래서 이 책을 저는 기도응답의 결정판이라 말하고 싶습니다. 여러분들도 이 책에서 제시하는 방법대로만 기도하신다면 틀림없이 100% 받게 될 것입니다. (가격 6,000원)

주님을 눈물로 사랑하면 복들이 온다.

기도응답을 받기 위해서는 우리가 하나님이 사랑하시는 분을 사랑하면 되는데 그 첫째가 말씀이고 둘째는 예수님이십니다. 이 말씀과 예수님을 눈물로 사랑하면 돈을 비롯한 영혼이 잘되고, 범사가 잘되고, 강건한 복을 받게 됩니다. 그런데 이렇게 말씀을 눈물로 사랑하는 방법이 주어 3인칭을 주어 1인칭으로 바꾸면 되고, 주님을 사랑하되 사랑하는 증거를 가지고 있으면 됩니다. 자세한 내용은 이 책을 구입해서 읽어 주시길 바랍니다. (가격 6,000원)

다바르(이름대로 된다)

다바르라는 말은 말이 현실로 되는 창조적인 말을 의미하는 히브리어입니다. 우리나라 말에 '말에 씨가 있다'라는 말이 있는데, 이 말을 성경 식으로 표현하면 바로 다바르가 되는 것입니다. 어떤 사람은 뒤로 넘어져도 코가 깨지고 안 되지만 어떤 사람은 뒤로 넘어져도 일어날 때 돈을 줍고 성공하게 되는데, 이렇게 인생에서 실패와 성공을 좌우하는 이유가 바로 이름 때문입니다. 즉 다바르의 역사 때문입니다. 이 책을 읽어 보시면 이름의 중요성과 다바르의 중요성을 알게 되어 이제부터 성공적인 인생을 살게 될 것입니다. (가격 6,000원)

성경 보는 안경 1 (상)

우리가 성경을 가장 짧은 시간 내 독파할 수 있는 방법이 있는데 그것은 바로 성경의 용어를 잘 이해하는 것입니다. 저는 이 책을 조직신학 해석집이라 할 정도로 성경의 용어들을 읽기만 해도 쏙쏙 해석 될 수 있게 기록했습니다. 그러므로 한번 구입해서 상, 하권 두 권을 읽어 보시면 여러분들이 지금까지 궁금해 했던 성경에 대한 모든 답을 다 찾아낼 것이며 성경에 대한 궁금증이 다 사라질 것입니다. 상하권 두 권으로 되어 있으며 반드시 두 권 다 구입해 읽으셔야 합니다. (가격 11,000원)

성경 보는 안경 2 (하)
이 책은 성경 보는 안경이라는 1권(상) 책에서 다루지 못한 내용을 이어 쓴 2권(하) 책으로 역시 기존에 어렵기만 했던 성경 용어들을 쉽게 볼 수 있게 해석해 놓은 책입니다. 우리가 성경을 단기간에 돌파할 수 방법이 있는데 그것은 성경 용어를 잘 이해하면 됩니다. 그런데 이 책은 1권(상)에 이어 읽기만 해도 성경용어들이 잘 이해 될 수 있게 썼습니다. 한번 구입해 읽어보시면 성경이 쉽고, 재미있다는 것을 알게 될 것입니다.(가격 11,000원)

암과 아토피와 성인병은 더 이상 불치병은 아니다
서양의학의 아버지인 히포크라테스는 말하길 "면역은 최고의 의사이며, 최고의 치료법이다" 라고 했고, 유명한 약학 전문가인 "샤무엘 왁스맨"은"모든 질병을 고칠 수 있는 치료법은 이미 이 세상에 존재하고 있다"라고 말했습니다. 이 책에는 바로 이런 불치병을 치료할 수 있는 방법을 자세히 다루고 있습니다.(가격 11,000원)

약이 없는 병은 없다 1
제가 약초와 한국의 풀들을 연구하며 느낀 것은 세상에 약이 없는 병은 단 한건도 없다는 것이었으며, 또한 사람이 자연수명을 다하지 못하고 죽는 이유가 약이 없어 죽는 것이 아니라 약을 찾으려 하지 않고, 약을 찾았어도 그 찾은 약을 믿지 않고 쉽게 포기해 버려서 죽는 다는 것이었습니다. 이 책을 보시면 모든 병에 반드시 약이 있다는 것을 알게 되실 것입니다. (가격 4,000원)

약이 없는 병은 없다 2
만병통치약은 없어도 모든 병엔 다 약이 있습니다. 이 책에 있는 약초들이 여러분의 병을 치료할 것입니다. 이 책은 한국의 나무와 풀들인 약초에 대한 것이 2권이고, 이 책에서 다루지 못한 부분은 제 3권에서 다루도록 하겠습니다. 여러분들이 이 책을 읽어 보시면 진짜 약이 없는 병은 없다는 것을 알게 되실 것입니다. 제가 이 책을 쓴 이유는 우리 믿는 모든 성도들이 이 책을 읽으시고 120살 까지 건강하게 무병장

수 하셨으면 해서 쓰게 되었습니다.(가격 10,000원)

약이 없는 병은 없다 3
하나님이 주신 나무와 풀인 약초 안에 모든 병에 대한 약인 만병통치약이 있습니다. 이 책에 나와 있는 약초와 풀들이 당신의 병을 치료하는 만병통치약이 될 것이며, 우리가 약초에 대하여 잘 알면 진짜 약이 없는 병은 없다는 사실을 알게 될 것입니다. 저는 우리 성도들이 나무와 풀인 좋은 약초를 드시고 120살 까지 무병장수했으면 합니다. 이 책을 읽어 보시면 120살 까지 장수한다는 것이 결코 불가능한 일만은 아니라는 사실을 알게 될 것입니다.(가격 10,000원)

세포를 치료하면 모든 병(암)이 치료된다.
우리 몸의 구조는 물이라고 하는 피가 70%이고, 세포가 30%로 구성되어 있습니다. 그러므로 우리 몸에 문제가 생기면 물이라고 하는 피와 세포를 치료하면 자동적으로 병은 치료 되게 되어 있는 것입니다. 그런데 피에 관한 문제는 혈액순환에 관한 문제이며, 세포에 관한 문제는 8가지 당에 관한 문제입니다. 이 책은 바로 이 피와 세포를 어떻게 하면 정상으로 만들 수 있는지를 다루고 있습니다. (가격 4,000원)

구원과 성막
이스라엘 사람들이 아론을 중심으로 눈에(출32:4) 보이는 하나님을 믿기 원하는 것을 하나님은 아시고 하나님은 그들을 심판했지만 한편으로는 눈에 보이는 하나님을 믿고 싶어 하는 사람의 마음을 이해하셔서 하나님의 얼굴인 성막을 주셨는데 그분이 바로 예수님이십니다. 이 책엔 여러분들이 신앙생활하며 궁금해 했던 구원의 3단계와 성막에 대하여 쉬우면서도 심도 있게 다루고 있으니 구원의 확신이 없으신 분들이나 성막에 대하여 궁금 하셨던 분들이 보시면 신앙생활에 많은 도움이 될 것입니다. (가격 11,000원)

침례와 성경
저는 모든 성도들이 반드시 침례를 받아야 한다고 개인적으로 주장하는데 제가 왜 이렇게 강하게 주장하는지 그 이유가 이 책에 나옵니다. 또한 성경이 무엇이며 왜 우리가 성경을 믿어야 하며 또한 사장되어 있는 말씀을 어떻게 레마로 살려내야 하며 어떻게 해야 말씀을 굳게 잡아 말씀이 그대로 이루어지게 하는지 그 방법이 소개

되고 있습니다. 그러므로 당신도 이 책에서 말씀 하는 대로 하면 말씀이 레마로 역사하는 것을 체험하게 될 것입니다.(가격 11,000원)

성경의 진수(1)
성경을 입체적으로 볼 때 성경이 한눈에 들어오게 되어있습니다. 그런데 성경을 입체적으로 보는 방법은 성경에 나와 있는 단어들을 바로 알면 됩니다. 그런데 이 책을 포함해「삼위일체와 예수」,「다가온 종말론」,「영적존재에 대한 이야기」,「성경 보는 눈을 열어주는 창세기」,「성경 보는 안경1(상).2(하)권」,「구원과 성막」,「침례와 성령」,「성경의 진수 1.2권」등 10권의 책을 읽어 보시면 당신도 바로 성경의 전문가 될 수 있을 것입니다. 왜냐하면 이 책들이 바로 성경을 입체적으로 기록해 놓았기 때문입니다. (가격 11,000원)

성경의 진수(2)
성경은 단어들의 연속으로 구성 되어 있습니다. 그래서 성경에 나와 있는 단어들만 완벽하게 이해하고 바로 알기만 하면 성경을 관주해서 볼 수 있게 되어 있습니다. 이 책은 이렇게 당신에게 성경에 나와 있는 용어들을 이해하는데 길잡이가 될 것이며 또한 이 책에 나와 있는 용어를 바로 알면 성경의 진수를 알게 될 것이며 성경을 통달하게 될 것입니다. (가격 11,000원)